Peter A. Bruck (Hrsg.)

Die Mozart Krone
Zur Empörung eines Boulevardblattes und der medialen Konstruktion eines Kulturkampfes

Neue Aspekte in Kultur- und Kommunikationswissenschaft

Begründet und herausgegeben
von
Michael Martischnig und Kurt Luger
Band 5

Band 1:
Kurt LUGER: Die konsumierte Rebellion.
Geschichte der Jugendkultur 1945-1990. 1991.

Band 2:
Thomas SCHOLZE: Im Lichte der Großstadt.
Volkskundliche Erfassung metropolitaner Lebensformen. 1990.

Band 4:
Josef TRAPPEL: Medien – Macht – Markt.
Medienpolitik westeuropäischer Kleinstaaten. 1991.

Band 5:
Peter A. BRUCK (Hrsg.): Die Mozart Krone.
Zur Empörung eines Boulevardblattes und der medialen Konstruktion eines Kulturkampfes.

In Vorbereitung:
Band 3:
Christian STRASSER: The Sound of Klein-Hollywood.
Filmproduktion in Salzburg — Salzburg im Film. Mit einem Filmlexikon.

Band 6:
Michael SCHMOLKE (Hrsg.): Wegbereiter der Publizistik in Österreich.
Autoren mit ihren Arbeiten von Joseph Alexander von Helfert bis
Wilhelm Bauer 1848 bis 1938.

Band 7:
Kurt KAINDL: Das Bild der Welt im Pressebild.
Kulturgeschichte der österreichischen Illustrierten und ihrer Fotografie.

Band 8:
Bernhard FRANKFURTER (Hrsg.): Offene Grenzen.
Filmland Österreich – Filmkontinent Europa.

Peter A. Bruck
(Hrsg.)

Die Mozart Krone

Zur Empörung eines Boulevardblattes und der medialen
Konstruktion eines Kulturkampfes

Österreichischer Kunst- und Kulturverlag
Wien — St. Johann im Pongau
1991

Für diese Publikation wurde um Förderung angesucht bei:
Bundesministerium für Wissenschaft und Forschung,
Bundesministerium für Unterricht, Kunst und Sport,
Amt der Salzburger Landesregierung.

Besonderer Dank an Reinhold Reiterer für seinen individuellen
finanziellen Beitrag.

CIP-Kurztitelaufnahme der Deutschen Bibliothek:

BRUCK, Peter Aurelius

Die Mozart Krone. Zur Empörung eines Boulevardblattes und der medialen Konstruktion eines Kulturkampfes. – Neue Aspekte in Kultur- und Kommunikationswissenschaft, Hrsg. Michael Martischnig und Kurt Luger, Bd. 5. Wien/St. Johann im Pongau. Österreichischer Kunst- und Kulturverlag 1991.

ISBN 3-85437-037-5

NE: Michael Martischnig, Kurt Luger Hrsg., GT

Karikaturen von Gerhard Haderer, Manfred Deix und Helmut Vogl, Zeichnungen von Anton Thuswaldner.

Das Copyright für die Beiträge liegt bei den Autoren.

©1991 Österreichischer Kunst- und Kulturverlag
A–1016 Wien, Postfach 17
A–5600 St. Johann im Pongau, Postfach 100

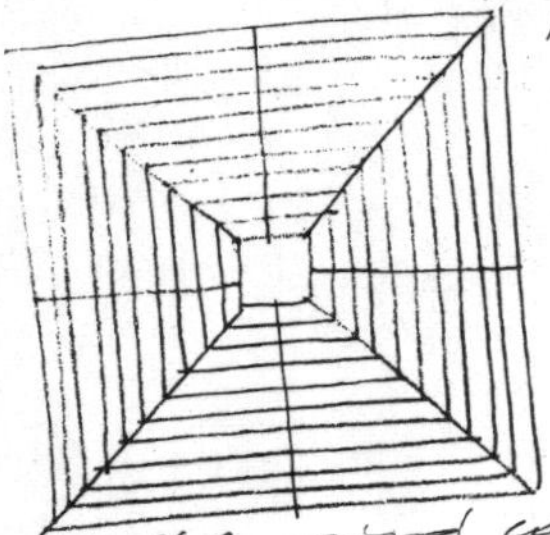

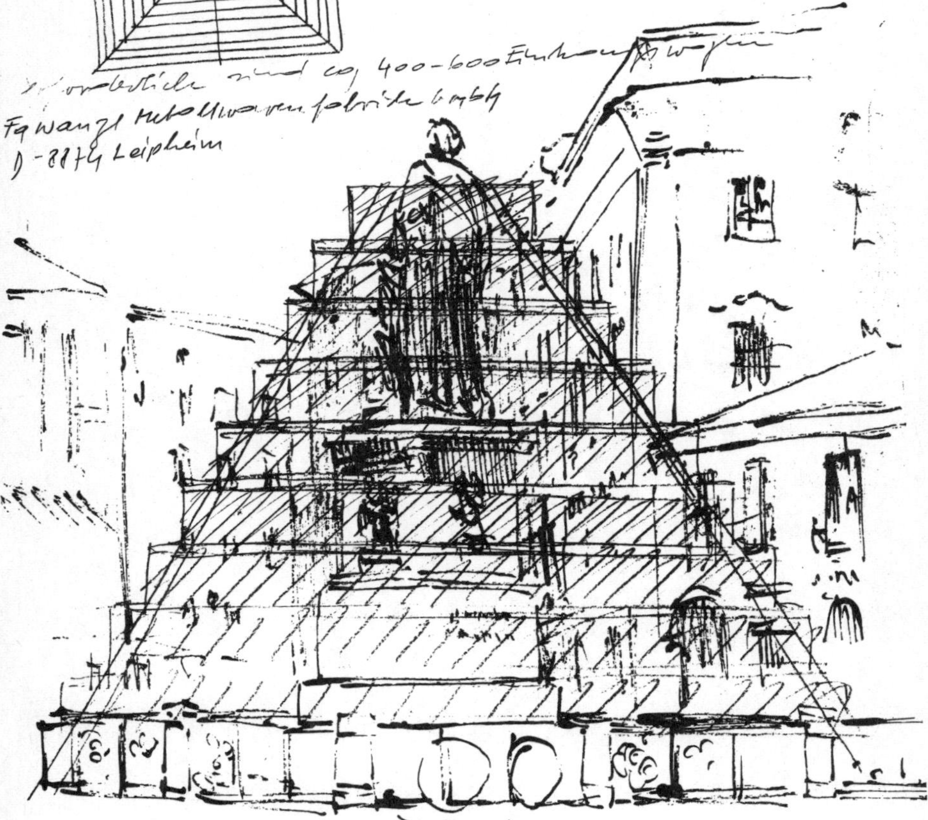

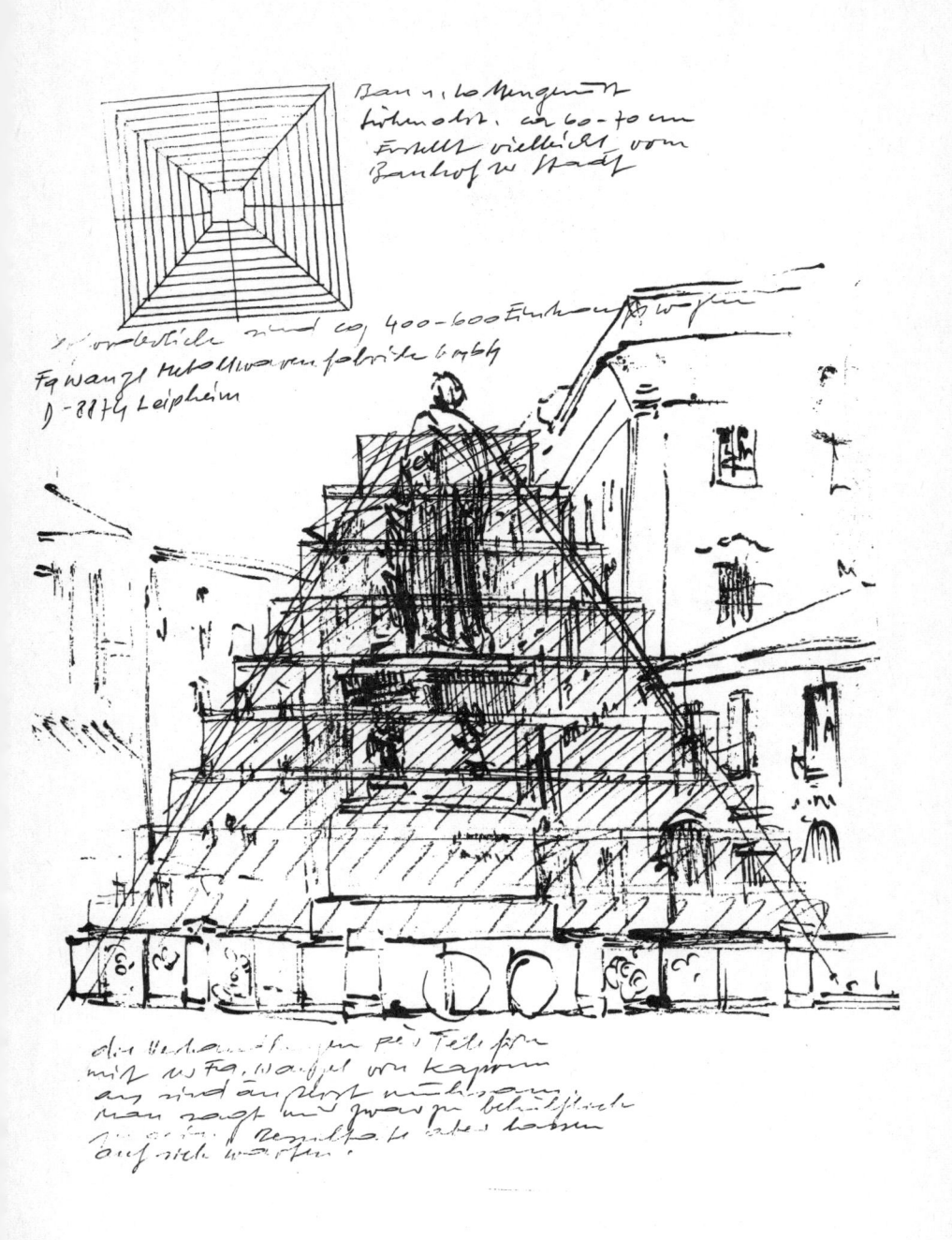

Bevölkerung atmet auf: Mordschwestern geviertelt!

Inhaltsverzeichnis

Ordnungsfigur / Mozart / Krone
Eine Einleitung
Peter A. Bruck 9

Die massenmedial organisierte Empörung:
Zur Poetik einer Kulturkriegserklärung
Peter A. Bruck 13

Das Böse ist immer und überall.
Eine heldenmütige Zeitung verteidigt Salzburg gegen ‚bombardierende Punkerhorden' und ‚steuerfressende Kulturkraken'
Günther Stocker 31

Normalität als Ideologie:
Die Lebenswelt der Kronen Zeitungsgemeinde
Kurt Luger 53

Die Mozart Ordnung und der Hitler in uns.
Notizen zur Errichtung einer Skulptur
Anton Thuswaldner 65

Last des Widerspruchs.
Selbstbedrohung durch Dissidenz in der massenmedialen Kronen-Demokratie
Hans-Peter Wick 75

In Salzburg ist ein schrecklicher ‚Krieg' gewesen – im Ernst – ich hab's in einer Zeitung gelesen!
Walter Müller 81

Unfehlbar ist die Kronen Zeitung.
161 Verse gegen eine bestehende Alleinherrschaft
Peter Kreiner 98

Der Fall des Kronen Genius.
An ein Kind gereimt
Werner Frach 110

Mozart-Krieg einst und heute:
Zum kulturkämpferischen Einsatz des Genius loci
Gert Kerschbaumer und Karl Müller 128

Mozart bei Halbmond
Anthony Burgess 145

Autoren 158

Ordnungsfigur / Mozart / Krone
Eine Einleitung

Peter A. Bruck

Das Gedenkjahr des Todes von Wolfgang Amadeus hat eine unüberschaubare Anzahl von Ereignissen hervorgebracht. Viele trivial, manche gedankenvoll.

Dieses Buch greift nur eines heraus und nutzt es, um die Verwendung einer Kulturfigur zu untersuchen, die anerkanntermaßen nicht mehr viel mit dem vor 200 Jahren gestorbenen Menschen zu tun hat. Denn Mozart ist heute mehr als nur die Signatur eines begnadeten Menschen und Musikschöpfers. Mozart ist Namensbestandteil von Konsummarken und Produktbezeichnung vielfältiger Güter, die mit seinem Geburtsland und seiner Geburtsstadt weltweit erfolgreich in Bezug gebracht werden wollen. Salzburg weiß und lebt davon.

Der Name Mozart hat aber auch noch jenseits dieser Zone des Kommerzes Bedeutung: er steht für eine Ordnungsfigur, benennt eine Struktur in der etablierten Ordnung, eine Selbstverständlichkeit in sozialen Beziehungen. Diese Ordnungsfigur ist normalerweise nicht so einfach sichtbar, ihre Existenz könnte leicht bestritten werden, sosehr ist sie Bestandteil des Familiären in Österreich, in Salzburg.

Einer derer die sich mühten diese Ordnungsfigur sichtbar zu machen, zu beschreiben, Österreich und Salzburg zu zeigen, war Thomas Bernhard. In seinem Stück ‚Heldenplatz' läßt er Robert Schuster den Versuch machen die Ordnungsfiguren Österreichs zu benennen, die Schichten der Heuchelei bürgerlicher Kultur wegzureißen, Machtkompromissen und Halbwahrheiten ihre Selbstverständlichkeit zu nehmen.

Anton Thuswaldner arbeitet mit anderen Mitteln als Thomas Bernhard. Nicht Sprache dient ihm als Medium, sondern Stein, Eisen, Holz oder Papier. Aber wie Bernhard geht es ihm nicht primär um ästhetische Spiegelspielerein, sondern um einen kritischen Einsatz. Beide wollen mit ihrem Werk nicht Kultur schaffen, Hochkultur aufzäumen oder Ornatwerke für das internationalisierte Kulturkonsumententum vorlegen. Thuswaldner will keine seichten Erleichterungen vermitteln, nicht Objekte in Beruhigungsform verabreichen, sondern er will Lösungen ermöglichen, indem er strukturelle Spannungen überhöht, zum Brechen bringt, damit sich Dinge neu ordnen können. Wie Bernhard fährt er dazwischen, bricht Symbole auf, und schafft ihnen damit mehr neues Leben als Mumifizierer und Pflichtkuratoren es je könnten.

Thuswaldner hat zum Mozartjahr seinen Beitrag geliefert. Nach langer und umsichtiger Vorbereitung begann er am 7. September 1991 die Statue des Komponisten in der Salzburger Altstadt mit Drahtgitterwagen, die normalerweise in Einkaufszentren Verwendung finden, einzurüsten. Seine aus diesen Wagen erbaute Skulptur verlieh der von Taubenkot bekleckerten Statue eine weißgleißenden, pyramidalen Rahmen. Als ich die Skulptur das erste Mal vom Papagenoplatz kommend sah, blitzte und blendete sie dem Betrachter in der frühherbstlichen Sonne entgegen, und gab der schwarzgrünen Figur einen spannungsgeladenden Glanz.

Die Skulptur hatte somit überraschende ästhetische Effekte. Sie wäre aber vielleicht nur ein Gag zum Ausklang der

Festspielsaison geblieben, hätte Mozart Bedeutung nur als ein erfolgreicher und auch heute noch beliebter Komponist.

Die Skulptur aber wurde zum Anlaß für einen Skandal. Wie der Skandal durch die Arbeit der Neuen Kronen Zeitung gesellschaftlich gemacht wurde, beschreiben und analysieren die ersten Beiträge des Buches. Dabei geht es um eine textpragmatische Darstellung der Aktionswelten, die von der Zeitung angesprochen werden, und die Kontextualisierung der Berichterstattung in einer Analyse ähnlicher Kampagnen der jüngsten Zeit. Eine analytische Beschreibung der Lebensstilmuster von Kronen Zeitungs-Lesern rundet dieses Bild ab.

Die Strukturen der Ordnungsfigur Mozart zeigten sich denn auch nicht in der Skulptur, sondern in den Reaktionen auf ihre Aufstellung. Die Analyse der Ordnungsfigur, ihrer Wechselverhältnisse zu etablierten Interessen, populären Sicherheitsbedürfnissen und populistischem Opportunismus ist weiterer Gegenstand dieses Buches. Anton Thuswaldner und andere Schlüsselpersonen des Ereignisses erzählen Hintergründe und Einschätzungen. Die massenmediale Inszenierung dieses Ereignisses durch die Salzburger Ausgabe der Neuen Kronen Zeitung steht im Vordergrund der folgenden Beiträge und das Buch endet mit einer wissenschaftlichen und literarischen Exploration der Verwendungspraktiken der Figur Mozart.

Das Buch arbeitet mit wissenschaftlichen, lyrischen und essayistischen Mitteln. Wissenschaft hat kein Monopol auf Erklärung und Interpretation, gerade nicht im Bereich des Humanen, des Kulturellen, des Geistigen. In diesem Buch suchen Wissenschafter Allianzen mit Schriftstellern, einem erfolgreichen Künstler, einem TV-Satiriker, einem weltbekannten Autor. Damit sollen unterschiedliche Lesebedürfnisse und ein größerer Leserkreis angesprochen werden.

Das vorliegende Buch baut auf dem von mir vor kurzer Zeit herausgegeben Band „Das Österreichische Format – Kulturkritische Beiträge zur Analyse des Medienerfolges ‚Neue Kronen Zeitung'" auf. Dieser ist im Atelier Verlag, Wien, 1991 erschienen. Ziel ist es, über die kulturellen Wirkungen und Erfolgsbedingungen des erfolgreichsten Mediums des Landes im Gespräch zu bleiben und die Strukturierungen österreichischer Kultur zu erfassen.

Die massenmedial organisierte Empörung
Zur Poetik einer Kulturkriegserklärung

Peter A. Bruck

Am Sonntag, den 8.9.1991, berichtet die Salzburg Ausgabe der Neuen Kronen Zeitung auf Seite 11 unter der Überschrift „Mozart mit Einkaufswagerln paniert / Leute klagten: ‚Ist das Kultur?'" über eine aktionskünstlerische Einrüstung des Mozartdenkmals in der Salzburger Altstadt.

Was relativ ausgewogen und reportagehaft beginnt, sollte von der Zeitung unter Führung ihres lokalen Chefredakteurs in den nächsten acht Tagen zu einer Medienkampagne par excellence ausgebaut werden. Dabei wird aus einer einwöchigen Skulpturaufstellung ein Kunstskandal gemacht und ein in Salzburg tobender „Krieg" erklärt.

Die Produktform der Neuen Kronen Zeitung unterscheidet sich durch die regelmäßige Verwendung von Berichtskampagnen wesentlich von anderen Zeitungen. Die Redaktionsleitung gibt dabei eine besondere Aufmerksamkeit vor: Ein und dieselbe Sichtweise eines Ereignisses wird täglich neu wiedergegeben und aufmacherisch herausgehoben. Kampagnen bestehen journalistisch aus dem ‚Durchziehen' eines Themas.

Bei der Kronen Zeitung fällt dabei auf, daß an einer Kampagne immer mehrere Journalisten arbeiten, die in Schlagzeilen, Berichten, Bildern, Grafiken und Kolumnen eine Gesamtargumentation verfolgen, die sich durch strukturelle Konsonanz auszeichnet. In einer Kampagne werden eine Vielzahl von Geschehnissen auf eine Richtung hin interpretiert, die Familiarität der Leser mit der Interpretation durch Wiederholungen verstärkt und eine Natürlichkeit des vorgelegten Verständnisses beansprucht und behauptet.

Die Kampagnen der Kronen Zeitung sind nicht allein auf die berichtete Sache gerichtet, sondern auch auf ihre Leser. Diese sollen textuell besonders emotionalisiert werden. Als solche werden sie zu einer Gemeinde der Gefühle zusammengeführt. Die Emotion steht vor der Information, das Extreme und Aufregendste wird gesucht und geschrieben. Die berichtete Welt wird mit Gefühlen eingefärbt, als Grundierungsfarbe dient die Empörung. Empörung durchzieht nahezu alle wichtigen Überschriften und Berichte, sei es die ‚Mondlandschaft' einer in Bau befindlichen Autobahn, der ‚Schock' über Atomraketen, oder die ‚Explosion' bei Subventionen. Empörung ist die für die Kronen Zeitung charakteristische Realisierung der Boulevardstrategie einer aufbauschenden und sensationellen Berichterstattung.

Der Typus der journalistischen Rede, die in der Kronen Zeitung vorzüglich Verwendung findet, besteht aus einer Reihe von Elementen, die strukturell so zusammengefügt werden, daß sie textuell die Voraussetzung für die Leser schaffen, einen Gefühlseindruck von der Welt zu bekommen. In dieser Weise ist es unzweckmäßig davon zu sprechen, ob und in welcher Weise die Kronen Zeitung Wissen vermittelt. Sie ist in ihrer prinzipiellen Blattlinie nicht darauf abgestimmt, sondern arbeitet vorzüglich mit der Vermittlung von Gefühlseindrücken. Die Kronen Zeitung unterscheidet sich von anderen Zeitungen dadurch, daß sie Emotionen und nicht Informationen liefert.

Ablaufsorganisation der NKZ-Berichterstattung zur Aktionsskulptur am Salzburger Mozartplatz:

1991	Stimmungsbild	Schlüsselwörter im Text
So 8.9.	Panierung des Denkmals – Kulturklagen	grundsätzlich, spontan, Kopfschütteln, erbost
Mo 9.9.	Befreiungsaktion gestoppt	drastisch, subventioniert, Steuergeld, Sachbeschädigung, Gefühlsausbrüche
Di 10.9.	Tobender Krieg, Verschandelung, Empörungswelle, Skandal, Ablehnung	Zorn, weltberühmt, Wahnsinn, Schaden, entsetzt, Jux, geklaut, Subventionierung, Schirmherr, verunziert, staunen, enorm, einhellig, keinesfalls, wundern
Mi 11.9.	Polit-Streit, Politischer ‚Krieg', Steuergeldkosten, Spaß	wirft vor, wehrt sich, verstoßen, heftige, nicht bewilligt, alle möglichen spektakulären, störten, großmundig, schillernd, frühpensionsberechtigt
Do 12.9.	Touristen entsetzt, Verschandelung	tausende, Mehrzahl, viel möglich, zum Rücktritt zwingen
Fr 13.9.	Tagesgespräch, Publikums-Magnet, Blickfrei, Ellbogentaktik, Wortgefechte	kleine, empört, schikaniert, Günstlinge, umstritten, bestaunt, drängelten, nie so viel fotografiert, Freud-Leid goutieren, posierte, erhitzt, leer
Sa 14.9.	Einkaufswagerl-„Krieg", Politstreit, Rummel, „Menschenkette", Fittichen, Geschäfte, Nase rümpfen	weggeschafft, entbrannte, schäumen, peinlicher, staunender, dilletierte, in die Hose, akrobatischer, willfährig, stolzierte, flinker, von den Auslagen riß, benötigen
So 15.9.	Wieder frei, Abhängige	wieder nützen, Platz genommen, halblustige Kabarettisten im Staatsfunk, Rundgruppenzeitungen, unbestechliche, unabhängige, vermeintlich seriös, so bös', frühpensionsberechtigt, rosarot

Sie baut primär nicht kognitive Welten, sondern Universen von Gefühlsvorstellungen. Ihre Macher und Journalisten arbeiten daher nicht mit detaillierter Sachbeurteilung und Faktenkenntnis, sondern wie ihr Gründer, Eigentümer, Herausgeber und Chefredakteur Hans Dichand sagt, „mit Intuitionen, Dafürhalten und Improvisation". (Malcolm, in: Bruck, 1991, S. 166)

Die Kronen Zeitung organisiert für ihre Leser die Welt als gefühlsmäßig erfaßbar, sie komponiert sie in Empörungs-Dur. Diese Tonlage wird komplementiert von den noch helleren Tonlagen des Adabei-Geklangels, der Nackedei-Dur auf Seite 5 oder 7, oder den wohl fröhlichsten aller Klänge, den Kinder- und Tierbildchen. Kontrastiert wird die Empörung mit den Mollstimmungen aus Katastrophengeschichten, Unfallstragiken und Einzelschicksalen.

Will man daher die Berichterstattung der Neuen Kronen Zeitung zum Kulturskandal des Mozartjahres verstehen, muß man sie zunächst als eine Abfolge von Stimmungslagen und -bildern nachzeichnen. In der daraus entstehenden Gesamtsicht wird die Arbeitsweise der Zeitung deutlich und ihre Effektivität erklärlicher.

Die Berichterstattung der Neuen Kronen Zeitung zu den Geschehnissen um das Mozartdenkmal ordnet sich nach vier Aktionswelten, die als Quelle der verschiedenen Emotionen dienen. Die Einkaufswagenskulptur wird als Auslöser einer Krise in diesen Welten dargestellt, die Gefühlsregungen und -ausbrüche sind eine Folge davon.

Da ist zunächst einmal die Aktionswelt des bürgerlichen Lebens: Mozart/Kultur/Denkmal/Ordnung. In ihr wird die Krisis so verstanden, daß die Aktion die herrschenden Verhältnisse stört, den dominierenden Geschmack verletzt, das Normengefüge nicht realisiert, sondern befragt, eben die Normalität verletzt. Irritationen sind die Konsequenzen, Kulturklage das Stimmungsbild der Kronen Zeitung. In der Hinweisbox auf Seite 1 ist am 8.9.1991 noch von zwei miteinander in Konkurrenz stehenden Auffassungsmöglichkeiten die Rede: „Mit ungezählten Supermarkt-Einkaufswagen wurde das Mozartdenkmal eingerüstet. ‚Kultur', sagen die einen, eine ‚Schande', die anderen." (Seite 11)

In der Reportage wird diese Zweideutigkeit wieder eliminiert, um mehr Emotion zu erzeugen: „Die Reporter der ‚Salzburg-Krone' fanden am Samstag vormittag keine einzige Person, ausgenommen den Aktivisten, die diese ‚Kulturaktion' positiv gesehen haben." Trotz grammatischem Fehler ist ein solcher Einschub in die Geschichte effektiv. Er verweist aber auch darauf, daß der Redakteur sich einer rein einseitigen Gefühlsdarstellung nicht sicher genug ist, und sie gegen die Möglichkeit einer anderen Lesart explizit abzusichern sucht.

Die Aktionswelt Mozart/Kultur/Denkmal/Ordnung ist auch das Universum der Touristen, in ihr reisen sie, diese ungestört vorzufinden erwarten sie. Die Aufgabe der Österreicher/Salzburger ist es daher, diese Aktionswelt ungebrochen und irritationsfrei zu liefern. Darauf baut der Geschäftserfolg auf. Die Kronen Zeitung zitiert kopfschüttelnde Touristen: „The hell, what are they doing?"

Während eine von der Aktionsskulptur unmittelbar ausgehende Bedrohung beschrieben wird, stellt der Journalist auch schon den von seiner Zeitung bevorzugten größeren Zusammenhang her. Ohne offensichtlich ausreichende Recherche behauptet er als „grundsätzliche Feststellung ... vorweg: Diese sogenannte Kulturaktion steht unter der Patronanz der Salzburger Vizebürgermeisters und Professors Dr. Herbert Fartacek, bezahlt wird sie aus Steuergeldern."

Der Rahmen und die faktische Gewichtigkeit dieser zweiten Aktionswelt Politik/Staat/Behörde und ihre Relevanz für die Geschichte werden durch die direkte Rede von angefügten Zitaten verstärkt. Stellungnahmen werden als „kurze Auswahl" angegeben, um ihre behauptete Repräsentativität zu akzentu-

Sonntag, 8.9.1991

Foto: Berthold Schmid

„Mozart" unter Einkaufswagen!
Salzburg. – Mit ungezählten Supermarkt-Einkaufswagen wurde das Mozartdenkmal eingerüstet. „Kultur", sagen die einen, eine „Schande", die anderen (Seite 11).

Kultur? Wolfgang Amadeus von Einkaufswagerln verschüttet

Mozart mit Einkaufswagerln paniert Leute klagten: „Ist das Kultur?"

Spektakuläre Aktion in der Salzburger Innenstadt: Kunst-Aktionisten „panierten" das Mozartdenkmal mit Dutzenden Einkaufswagerln. „Damit wollen wir zeigen, wie die Person Mozart in Salzburg vermarktet wird", verlautete einer der Aktivisten. Viele Salzburger und Touristen klagten: „Das kann doch nicht Kultur sein!"

Eine grundsätzliche Feststellung ist vorweg zu treffen: Diese sogenannte Kulturaktion steht unter der Patronanz des Salzburger Vizebürgermeisters und Professors Dr. Herbert Fartacek, bezahlt wird sie aus Steuergeldern.

Die Reporter der „Salzburg-Krone" fanden Samstag vormittag keine einzige Person, ausgenommen den Aktivisten, die diese „Kulturaktion" positiv gesehen haben.

Eine kurze Auswahl von spontanen Aussagen angesichts des Geschehens: „Wer zahlt euch dafür? Was wollen die eigentlich? Sollte man den Fartacek nicht einfach in einen Käfig stellen und ein Schild

VON BERTHOLD SCHMID

anstecken: Schaut her, das ist ein Kulturmensch! Bezahlt vom Volk!"

„The hell, what are they doing?" (Was zum Teufel tun sie?) – auch Touristen schüttelten die Köpfe.

Stunden später, nach vielen Anrufen erboster Salzburger bei den Zeitungen und beim ORF reagierte die freiheitliche Partei: „Die von der städtischen Kulturgesellschaft mit beschränkter Haftung ‚SPOT' initiierte Einrüstung des Mozartdenkmals mit Einkaufswagen ist geschmacklos, eine Verschandelung. Millionensubventionen der Stadt an ‚SPOT' werden durch solche Aktionen immer fraglicher."

ieren: „Wer zahlt euch dafür? Was wollen die eigentlich? Sollte man den Fartacek nicht einfach in einen Käfig stellen und ein Schild anstecken: Schaut her, das ist ein Kulturmensch! Bezahlt vom Volk!". Der angesprochene Politiker wird somit von Beginn der Berichterstattung über die Aktionsskulptur an als der negative Held der Geschichte verwendet, und im Zitat denotativ als ein in einen Käfig gehörendes Wesen, d.h. konnotativ als zu zähmende ‚Bestie' gezeichnet.

Strukturell erfährt der Bericht des 8.9.1991 seine Auflösung, indem die Aktionswelt Politik/Staat/Behörde durch die Einbringung eines Gegenspielers zum ‚Bösewicht' des Narrativs vervollständigt wird. Die „freiheitliche Partei reagiert" und nimmt in ihre Erklärung die zwei Zentralthemen der Kronen Zeitungs-Berichterstattung auf: Verschandelung von Kunst und Verschleuderung von Steuergeldern.

Der zweite Berichtstag reichert beide Aktionswelten mit der Geschichte einer „Befreiungsaktion" des Denkmals an. Thematisch bleibt das Narrativ auf „Verunstaltung" und „Gefühlsausbrüche" begrenzt. Die politische Verantwortungszuweisung wird wiederholt.

Die Kolumne unter dem Titel „Altstadtschutz und Einkaufswagen" baut eine weitere Aktionswelt auf und verschärft die zur Gefühlszeichnung verwendeten Gegensätze. Die Intensität der ablehnenden Gefühlsreaktionen auf die Skulptur erhält in diesem Text eine neue Struktur, um die Ablehnung verständlicher zu machen: Die Aktionswelt Zivile Gesellschaft/Bürgergleichheit/Markt wird bemüht und ein Gegensatz zwischen Kunst/Künstlern einerseits und Handelswirtschaft/Gewerbetreibenden andererseits wird entlang eines anspielungsweise willkürlichen Ordnungsparadigmas konstruiert: Den Künstlern sei jede Frivolität ungeachtet ihres „Könnens" gestattet, während Geschäftsleute „schon bei geringsten Eingriffen ... heimgesucht" würden. Die Kolumne eröffnet damit eine neue Parteienstellung für die Konflikterzählung und er-

Montag, 9.9.1991

Von Altstadtschutz und Einkaufswagerln

Beachtenswerter Herr Vizebürgermeister Herbert Fartacek! Vor gar nicht so langer Zeit ließen Sie uns über den Rundfunk wissen, daß der „Kronen-Zeitung" in Kulturfragen keine Kompetenz zukäme. Umso dankbarer und ergebener nehmen wir und ein Großteil der Salzburger Bevölkerung nun das zur Kenntnis, was in Ihrer Ägide unter Kulturpolitik alles möglich ist. Mozart im Stahldrahtgewitter von Supermarktwägelchen – allerhand. Nun, die lähmende Frage nach der künstlerischen Dimension dieser Aufforstung möchte ich in Anbetracht unserer eventuell wieder unterschiedlichen Auffassungen nicht strapazieren.

Einigen wir uns bloß auf die Lesart, daß Kunst von „Können" kommt. Und da kann ich mir die Frage nicht verkneifen, ob so mancher die Mozart-Provokation nicht in die falsche Kehle kriegen muß. Etwa ein x-beliebiger Gewerbetreibender aus der Altstadt, der von „Altstadt-Kommissaren" schon bei den geringsten Eingriffen in seine Auslagen- oder Fassadengestaltung heimgesucht wird. Aber das ist vielleicht zu profan. Nehmen wir also jene Galeristen als Beispiel, die schon mit dem Ansinnen des Aufstellens von Ausstellungs-Hinweisen das Stadtbild verschandeln. Vielleicht sollten sie's auch mit schmucken Einkaufskörberln versuchen? **R. RUESS** weitert somit das Repertoire möglicher Gefühlsquellen um eine sozial mächtige und vokale Gruppe, die Altstadtgeschäftsleute.

Die Kolumne ist für die Berichterstattung und die Ideologie der Neuen Kronen Zeitung strukturell wie inhaltlich wichtig: Sie konstruiert einen Gegensatz zwischen einer priviligierten Partei und einer unterdrückten Partei, zwischen Akteuren, die unverdiente Pfründe genießen und Akteuren, die arm und benachteiligt sind. Strukturelle Gegensätze dieser Art werden in der Neuen Kronen Zeitung allgemein aufgebaut und gehören zum Standardreportoire der Entrüstungserzeugung vor allem in der „Staberl"-Kolumne. In dieser Geschichte schließen die vom lokalen Chefredakteur in den folgenden Tagen geschriebenen Stellungnahmen an diesen Gegensatz an und bauen ihn weiter aus.

Die Kolumne vom 9.9.1991 sticht aus dem Normalen heraus, da sie die faktische soziale Hierarchie in der gegenwärtigen österreichischen Gesellschaft zwischen Künstlern und Geschäftsleuten umdreht. Ökonomisch und in bezug auf die materielle Durchsetzung ihrer Interessen sind kreativ Arbeitende den Eigentümern von Handelsbetrieben und Geschäfte unterlegen. Die Inversion dieser tatsächlichen Verhältnisse in der Kolumne wird auch als Wurzel der Ordnungsstörung verwendet.

Die bürgerliche Ordnung ist somit mehrfach durch die Aktionsskulptur gefährdet. Ein etabliertes Denkmal wird entfremdet. Das Gewohnte und Geehrte wird gestört. Die Vermarktung Mozarts, von der die Stadt Salzburg zu einem Gutteil lebt, wird durch die Skulptur herausgehoben und kommentiert. Anstatt den Bezugspunkten der Normalität zu entsprechen und die Vermarktung entweder als belanglos wiewohl ertragreich zu übergehen oder strategisch-rational zu planen und auszunützen, wird sie ins Zentrum einer kritischen Aufmerksamkeit gerückt. Und schließlich wird die soziale Hierarchie verkehrt: Einkommensschwache Künstler, so legt die

Dienstag, 10.9.1991

Selbst Skandale werden bei uns subventioniert:

In Salzburg tobt „Krieg" um Mozart

Bericht auf der Seite 6

Salzburg Krone
5020, Münchner Bundesstr. 160, Tel. 33 5 55-0

Foto: Wolfgang Weber

Neue Kronen Zeitung
UNABHÄNGIG

Dienstag, 10. September 1991 / Nr. 11.248, S 8,–

So wurde Mozart verschandelt!

Empört sind in Salzburg Touristen und Einheimische über den Anblick des Mozartdenkmales: In einer fragwürdigen „Aktion" gegen die Vermarktung des Musikers wurde Mozart mit Einkaufswagerln zugepflastert! (Bericht im Lokalteil)

Neue Kronen Zeitung ihren Lesern nahe, dürften in Salzburg mehr als einkommensstarke Kaufleute.

Am dritten Berichtstag widmet die Salzburg Krone ihre gesamte Titelseite der Geschichte der Aktionsskulptur und titelt: „In Salzburg tobt ‚Krieg' um Mozart". Textpragmatisch wird somit in der Geschichte eine weitere Aktionswelt aufgebaut, die für die Neue Kronen Zeitung, ihr journalistisches Selbstverständnis und ihren Markterfolg wichtigste: Die Aktionswelt Wir/Kronen Zeitung/Leser/Volk. Die Haupttitelzeilen werden mit dem Satz „Selbst Skandale werden bei uns subventioniert" eingeleitet. Die Verwendung des Pronomens ‚uns' erzeugt die Beziehung zwischen berichteter Geschichte und der Aktionsweltgemeinde. Die Berichte im Inneren des Blattes nützen die anderen Aktionswelten aus, um dramatische Gefühlsbilder der Empörung zu zeichnen: „Die Volksseele kocht" und der „Zorn entlädt sich", „ein Wahnsinn" ... „schadet dem Salzburger Image unheimlich".

Das Spottgedicht „In den Wind gereimt" versucht eine maximale Aktualisierung der Poetik der Empörung: Ein, breite Gefühlslagen ausnützendes Bild, wird von dem erklärten ‚Bösewicht' der Geschichte gezeichnet. Er sei ein „kleines Licht", der Minderwertigkeitsgefühle habe, sich „überdrüssig fühle" und daher kausal „arbeitsscheue Punker" liebe. Trotz freizügiger Geldausstattung sei sein „Gesindelföderungsprojekt" gescheitert. Nun habe der Politiker aus Rache an den „braven Bürgern" die „Verrammelung" des Mozart-Standbildes mit Einkaufswagen ersonnen. Diese Bürger, für Fartacek angeblich „suspekte Steuersklaven", wollte der „neue, rote Pharao" fürs „Maulen" nun „strafen".

Die Verse bringen ideologisch die Aktionswelt Mozart/Kultur/Denkmal/Ordnung mit der Aktionswelt Politik/Staat/Behörde und der Aktionswelt Zivile Gesellschaft/Bürgergleichheit/Markt zusammen und verbinden sie in der Isomorphie der Entrüstung. Punker erhalten ihre Iden-

Dienstag, 10.9.1991

Die Ablehnung ist einhellig

Die „Salzburg-Krone" fragte nach der Meinung der Bürger zur umstrittenen Denkmal-Aktion und traf dabei fast nur auf ablehnende Stimmen. Hier einige davon:

Gerhard Schäffer, Salzburgs Landes-Schulratspräsident, hat sein Büro mit Blick auf das Mozartdenkmal: „Für mich ist das nicht Kultur, sondern Aktionismus. Keinesfalls wurde hier die richtige Vorgangsweise gewählt."

Sonja Auer arbeitet am Taxistand beim Mozartdenkmal: „Die Leute kommen doch, daß sie Mozarts Denkmal sehen. Wenn es verschandelt ist, werden sie nicht mehr kommen. Mich wundert es, was manche Leute machen können."

Helmut Moser, Oberkellner im Café Glockenspiel, ist entsetzt: „Das, wenn woanders passieren tät'. In Tirol zum Beispiel, bei einem Andreas-Hofer-Denkmal. Nur in Salzburg ist offenbar alles möglich. Ein unglaublicher Skandal!"

Fotos Wolfgang Weber

Hunderte Touristen sind entsetzt über die unverständliche Aktion

Weg damit!

Fürchtet Euch nicht!" rief der sympathische Leopoldskroner Pfarrer August Fuchsberger auf dem Gipfel des Salzburger Hochthrons den Menschen zu. Der heftige Wind trieb weiße Wolkenfetzen auf den zerklüfteten Berg zu, und dann gab die Sonne kraftvoll den Blick in die faszinierende Weltlandschaft frei: Ich sah das funkelnde Dach der neuen Druckerei beim Kugelhof, in der ab Oktober mitten in Salzburg unsere „Krone" hergestellt wird und freute mich. Es ist schön, den Start der Herbstoffensive mit einer Feldmesse auf dem Salzburger Hausberg zu beginnen.

Wir von der „Krone" fürchten uns nicht, und schon gar nicht vor dem nach fünf Jahren Politarbeit frühpensionsberechtigten Vizebürgermeister und karenzierten Schulprofessor Herbert Fartacek. Der Politiker versucht derzeit, diese unbestechliche Zeitung durch eine Serie von Gerichtsklagen einzuschüchtern. Praktisch ist es so, daß wir auf fast jede Kommunalstory einen Advokatenschrieb bekommen. Steuergeld gibt's also im Fartacek-Ressort nicht nur für krawallierende Punker und radikale Hausbesetzer, sondern auch für Rechtsanwälte. Sei's drum: Auf ein Verfahren mehr oder weniger kommt es nicht an. So hat mir also ein sozialdemokratischer Spitzenpolitiker einen Ausspruch von Prof. Fartacek über die Salzburger zitiert: „Reaktionäres Gesindel!"

So versteht man vielleicht, wieso dieser Herbert Fartacek politisch verantwortlich ist für eine geschmacklose, fremdenverkehrs und wirtschaftsschädigende Aktion: Die Einrüstung des Mozart-Denkmals durch Einkaufswagerln.

Der freiheitliche Altstadtexperte Erich Marx hat es klar und richtig erkannt: Weg damit! – das ist die einzige Lösung. Und den Fartacek sollen sie in einem Einkaufswagerl gleich mitnehmen, meine ich.

HANS PETER HASENÖHRL

tität durch ihre Gruppenbezogenheit auf einen bestimmten Musikstil und eine darum herumgebaute Körper- und Kleidungsmode. Im Weltbild der bürgerlichen Ordnung gehören sie stereotypisch zu den Antipoden dessen, was kulturell und lebensstilmäßig als ‚normal' zu gelten hat. Der „progressive Sozialist" stecke in diese Leute Steuergelder. Im Bezugsfeld der Politik wird der Bösewicht als ebenso abwegig, nämlich links außen, dargestellt wie die Punker in der Lebenswelt der „braven Bürger". In dieser Darstellung dient „Wagerlpyramide" den zwei Außenseitern allein zur Verhöhnung der „redlichen" Normalbürger.

Das Editorial der lokalen Chefredakteurs fusioniert alle Aktionswelten mit der Wir/Kronen Zeitung/Leser/Volk/Welt. Der Imperativ „Weg damit!" dient als Überschrift. Offensichtlich aus seinem Urlaub gut gestärkt zurückgekehrt, schreibt der Journalist, es sei „schön, den Start der Herbstoffensive mit einer Feldmesse auf dem Salzburger Hausberg zu beginnen". Sein militärisches Verständnis der publizistischen Aufgabe der Neuen Kronen Zeitung hat er in der lexikalischen Auswahl des Wortes ‚Krieg' dem Leser schon auf der Titelseite signalisiert. Gegen wen er „Herbstoffensive" und „Krieg" führt, sagt der Autor im nächsten Absatz in der der Neuen Kronen Zeitung so eigenen defensiv-aggressiven Sprachführung: „Wir von der ‚Krone' fürchten uns nicht, und schon gar nicht vor dem nach fünf Jahren Politarbeit frühpensionsberechtigten Vizebürgermeister und karenzierten Schulprofessor ..."

In dem Komplex Wir/Kronen Zeitung/Leser/Volk arbeitet das Blatt gemeinhin damit, daß es sich selbst als Akteur in der Nachrichtengeschichte darstellt. Üblicherweise geschieht dies in der Form eines Advokaten und Akteurs für die ‚underdogs' der Geschichte, für die, denen Unrecht getan wurde, die Opfer sind. Dieser Kreis der im Bericht Befürworteten wird normalerweise mit den Lesern der Kronen Zeitung und ihren Anliegen und Interessen synonym gesetzt. In seiner Ko-

Sonntag, 15.9.1991

Abhängige

Einen schönen Sonntag, liebe Leser! Ganz besonders begrüße ich jene, die heute zum ersten Mal unsere Zeitung in die Hand bekommen. Die unbezahlte Werbung, die in der vergangenen Woche von halblustigen Kabarettisten im Staatsfunk und von Randgruppenzeitungen veranstaltet wurde, mag Sie auf die „Krone" neugierig gemacht haben. Ja, so ist es: Sie lesen eine wirklich unbestechliche und tatsächlich unabhängige Tageszeitung.

Wir werden in den nächsten Wochen ganz detailliert darlegen, wer in diesem vermeintlich seriösen Land aller Schmiergelder und Bestechungshonorare genommen hat.

In einer Zeitung ist ein Inserat erschienen, in dem einige Leute gegen die „Krone" und gegen mich protestieren. Grund dafür ist, daß wir ein klein wenig die Einrüstung des Mozart-Denkmals durch Einkaufswagerl kritisiert haben. Wir seien – um einmal die ach so seriöse Salzburger Möglichkeitsform zu gebrauchen – so bös' zu Lettner & Fartacek.

Eines eint die Unterzeichner: Sie sind Abhängige. Finanziell abhängig vom karenzierten Professor und frühpensionsberechtigten Vizebürgermeister Herbert Fartacek. Da unterschreibt z. B. ein Sekkretär der rosaroten Kinderfreunde. Erraten Sie einmal, wer der Obmann dieser Kinderfreunde in Salzburg ist. Richtig: Fartacek! Da unterschreibt eine Edith Fux. Erraten Sie, wo diese angestellt ist. Richtig: Bei Fartacek.

Eine einzige Ausnahme gibt's: Auch ein W.A. Mozart hat angeblich unterzeichnet. Das laß' ich gelten: Von seinem Nachlaß leben zehntausende Salzburger ganz gut.

HANS PETER HASENÖHRL

lumne aber unterläßt es der lokale Chefredakteur, diese für die Zeitung so entscheidende Identifikation herzustellen, was den Schluß nahe legt, daß er dem Politiker persönlich besonders negativ gegenüber eingestellt ist. Er begnügt sich damit, allein die Kronen Zeitung als underdog darzustellen, wiewohl er auch die Bürger der Stadt als Opfer einer Beschimpfung durch den Politiker porträtiert: die Salzburger seien in den Worten des Vizebürgermeisters ein „reaktionäres Gesindel".

Die vier Aktionswelten werden in den weiteren Berichtstagen zwar thematisch etwas verändert, aber die Grundelemente zur Gefühlszeichnung der Geschichte bleiben gleich. Am Mittwoch den 11.9.1991, dem 4. Berichtstag, wird die Aktionswelt Politik/Staat/Behörde in den Vordergrund gerückt: Ein „Polit-Streit um Mozarts Einkaufswagerl" sei „entbrannt", titelt die Zeitung auf Seite 10 und bringt einen Bericht über den Vorwurf eines Gesetzesverstoßes. Eine Kolumne des Lokalchefredakteurs spinnt thematisch den Mißbrauch von Steuergeldern für „die rotgrüne Kulturgesellschaft oder das Punkerhaus" weiter.

Die Aktionswelt Zivile Gesellschaft / Bürgergleichheit / Markt wird thematisch mit der Aktionswelt Mozart / Kultur / Denkmal / Ordnung ausgesöhnt, indem die Vermarktung Mozarts zugegeben und als notwendig für das „gut davon Leben" dargestellt wird. Dieser Blickwinkel wird zum Zentralthema der letzten Tage der Berichterstattung und dient zur Auflösung des Gefühlsbildes vom Kulturkrieg und dem Empörungsausbruch.

Am 12. und 13. September 1991 steht die Prominenz der Aktionsskulptur als „Gesprächsthema" und „Publikums-Magnet" im Vordergrund und aus der „Einstimmigkeit" der Ablehnung der Verschandelung wird eine „umstrittene Aktion", die ebenso „anziehend auf das Publikum wirkte": „So oft bestaunt und fotografiert worden ist die Mozart-Statue in der Salzburger Altstadt wohl noch nie." Nicht nur bei den

Touristen ist eine Läuterung eingetreten, sondern auch bei den Einheimischen: „Viele Salzburger betrachteten das als ‚Attentat' bezeichnete Projekt mit Abscheu, andere goutierten es."

Mit dem Abbau der Aktionsskulptur wird die Aktionswelt Mozart/Kultur/Denkmal/Ordnung als in Heilung befindlich dargestellt: „Heute ist es ausgestanden." Dem kleinbürgerlichen Kulturmuster entsprechend wird der ehemalige Skandal in ein Objekt von Nostalgie umgewandelt. Zwiespältig noch, aber schon mit der Verklärung des Rückblicks, stellt die Zeitung fest: „Was des einen Leid, des anderen aber Freud war, hatte sich zweifellos zu einem Publikumsmagneten entwickelt. Fremdenführer erklären Touristen des langen und breiten die Hintergründe dieser Aktion." Der Skandal war als Spektakel dienlich und paßt somit in dieser Form ins Kulturgedächtnis aller Kleinbürger. Die Lust an der Hatz auf das Andersartige und an der Hetze gegen das Fremde klingt ab in eine begehrliche Anhänglichkeit gegenüber dem zuerst gefürchteten, dann malträtierten Objekt, von dem man im Falle der Aktionsskulptur nicht einmal eine Trophäe als Erinnerungsstück sich behalten konnte. Die Erzeugerfirma, die die Einkaufswagen kostenlos zur Verfügung gestellt hatte, ließ alle Drahtroller abtransportieren.

Am Samstag, den 14.9., kommt denn die Aktionsskulptur in einer karikaturistischen Darstellung des „Einkaufswagerl-Krieges" nochmals auf die Titelseite der Neuen Kronen Zeitung. Der Bericht im Inneren malt die Gefühlswelten der Mozart/Kultur/Denkmal/Ordnung nochmal im Äquilibrium einer „regen Anteilnahme staunender Urlaubergruppen". Eine Protestdemonstration gegen den von der Zeitung proklamierten Denkmalkrieg wird als eine „dilletierende Debatte um Sinn und Unsinn der Mozart-Einrüstung" für die Leser eingeordnet.

Wiewohl der „Krieg" von der Zeitung selbst durch die lexikalische Verwendung des Wortes ‚Krieg' in mehreren Überschriften gemacht wurde, und obwohl sich der lokale Chefredakteur selbst zu einem der Spitzenakteure durch seine imperative Forderung „Weg damit!" erklärt hatte, stellt die Zeitung den ‚Krieg' als eine allein die anderen Akteure betreffende Angelegenheit dar. Die Zeitung projeziert das von ihr maßgeblich vorkodierte und beeinflußte Geschehen von sich weg auf andere. Nichts von der Negativität eines Streites sollte an der Neuen Kronen Zeitung hängen bleiben. Die Aktionswelt Wir/Kronen Zeitung/Leser/Volk wird davon sauber und rein gehalten, Streitsucht und Konflikthaftigkeit wird den anderen zugeschrieben: „Zurück blieb die von Umwelt- und Tauben-Einflüssen ramponierte Mozart-Statue sowie das unvermeidliche Odium peinlicher Polit-Streitigkeiten."

In den letzten beiden Berichtstagen kolumniert der lokale Chefredakteur dennoch weiter zur Geschichte. Defensivaggressiv wie schon zuvor, zeichnet er von sich und der Zeitung das Gefühlsbild des bedrängten ‚underdogs', des Opfers von Arroganz und hochkulturellem Dünkel, und des angegriffenen Wahrheitsvermittlers und redlichen Streiters: „Über den Boulevard rümpfen manche die Nase, die noch vor etlichen Jahren auf den Gehaltslisten des Stadtverkehrsbüros oder dubioser Wohnbaugesellschaften oder umweltverschmutzender Firmen gestanden sind"; und „in einer Zeitung ist ein Inserat erschienen, in dem einige Leute gegen die ‚Krone' und gegen mich protestieren"; und etwas vorher „Sie lesen eine wirklich unbestechliche und tatsächlich unabhängige Tageszeitung."

Als Feindbild rückt sich der Autor wieder die oder DEN Politiker zurecht, die/der „mit willfährigen Schreibern durch die Innenstadt stolzieren und mit flinker Hand Geschäftsleuten nicht genehmigte Weihnachtsdekorationen von den Auslagen reißen". Diese Politiker behandelten, so wird angegeben, Geschäftsleute als Untertanen. Und alle Kritiker der Kronen Zeitung, so weiß der lokale Chefredakteur, sind durch ein gemeinsames Merkmal geeint: „Sie sind Abhängige. Finanziell abhängig vom karenzierten Professor und frühpensionsberechtigten Vizebürgermeister." Kämpferisch, wenn auch wohl vorwiegend in eigener Sache, verspricht der Autor seinen Lesern und droht seinen Gegnern: „Wir werden in den nächsten Wochen ganz detailliert darlegen, wer in diesem vermeintlich seriösen Land aller Schmiergelder und Bestechungshonorare genommen hat."

Die Aktionswelt Wir/Kronen Zeitung/Leser/Volk wird davon zusammengehalten, daß sich die Zeitung immer wieder im gerechten Kampf stehend darstellt und inszenieren kann. Bedrohungen kommen von außen und vereinen innen die Kronen Zeitungsgemeinde, Journalisten und Leser. Die Bedrohungen, ihre unerschöpfliche Abfolge und die dramtisierenden Berichte, einen nicht nur, sie geben der Gemeinde auch Sinn. Bedrohungen werden besonders dadurch inszeniert, daß die Neue Kronen Zeitung in einer Angelegenheit den Kampf aufnimmt.

Kampf findet vornehmlich auf den Seiten der Zeitung statt, wenn er auch manchmal Gerichtssäle als Nebenschauplätze nach sich zieht. Das Handlungsfeld sind jedoch primär die Zeilen ihrer Ausgaben und die Angriffstexte ihrer Kolumnisten. Dies gibt der Neuen Kronen Zeitung eine 'Aktualität', der andere Tageszeitungen kaum etwas vergleichbares entgegenzusetzten haben und die einer Live-Übertragung im Hörfunk oder Fersehen gleichkommt: Die Leser können direkt am Geschehen des Angriffes im Akt des Lesens teilnehmen. Das Potential der Gefühlsintensität ist auch dementsprechend groß. In dieser Sprachform der ‚Kampfaktualität' liegt die gesteigerte Poetik des Kronen Zeitung-Boulevardstils begründet. Die Empörung aus der Textwelt der Berichte und Kolumnen ist so unmittelbar in die Lesewelt der Zeitungskäufer übertragbar.

Das Böse ist immer und überall
Eine heldenmütige Zeitung verteidigt Salzburg gegen „bombardierende Punkerhorden" und „steuerfressende Kulturkraken"[1]

Günther Stocker

Boulevardzeitungen erfüllen in unserer Gesellschaft eine wichtige Funktion. Während die Welt immer komplexer wird, und das Bewußtsein des Einzelnen von der Welt immer mehr herausgefordert wird, konstruieren sie übersichtliche Weltbilder. Ihre „Erzählungen" sind von immer gleicher Struktur. Sie reduzieren komplizierte Zusammenhänge auf das Handeln einzelner Personen und geben klare moralische Bewertungen ab. „Für den Augenblick des Lesens erscheint die Welt im Griff, das Urteil der Zeitung ordnet Widersprüchliches und Fragmentarisches, Bedrohendes und Tödliches in moralisierenden Berichten." (Bruck, 1991:22)

Innerhalb dieses Genres stellt die Neue Kronen Zeitung ein besonderes Phänomen dar. Sie tritt oftmals massiv demagogisch und aggressiv auf – und hat ebenso massiven Erfolg damit beim österreichischen Publikum. Der bemerkenswerteste Anlaßfall war jüngst die von der Salzburg Krone zum „Krieg"

---

[1] Vgl. dazu die entsprechenden Textstellen in den Ausgaben der Salzburg Krone vom 29.9.1990, S.14/15; 10.9.1991, S.9.

(10.9.1991) hochgerüstete Diskussion um die Verpackung des Salzburger Mozartdenkmals mit Einkaufswagen. Der Kapruner Künstler Anton Thuswaldner hatte dies als aktionistische Kritik an der Vermarktung des Salzburger Lieblingssohnes gedacht. Dies war eine Provokation. Es kam auch zu Auseinandersetzungen. Maßgeblichste Akteurin dieser Auseinandersetzungen war die Salzburg Krone in all ihrer Maßlosigkeit. Ein Skandal wurde geboren.

Aber das geschah in Salzburg nicht zum ersten Mal: Die vielerorts auf heftigen Widerstand gestoßenen Verbalattacken des Salzburg Krone-Kreuzzuges gegen Künstler, Punks und den verantwortlichen Stadtpolitiker haben Geschichte. Es handelte sich hierbei keineswegs um Entgleisungen, sondern die „Krone" blieb in ihren Schienen. Der Eindruck des besonderen Verhaltens der Salzburg Krone entsteht aus dem fehlenden Gedächtnis für ein so tagesaktuelles Medium. Wie das Blatt selbst seinen täglichen Weg in den Altpapiercontainer geht, so scheint auch die Erinnerung an die zum Teil inhumanen Angriffe, die Verunglimpfungen und Verhöhnungen eingestampft zu werden.

Ich gehe ein Stück zurück: Anhand von einigen Anlaßfällen lassen sich die Ziele und die Strukturen der kronenzeitlichen Empörung analysieren, können Ansätze zum Verständnis des Massenphänomens Neue Kronen Zeitung deutlich werden. Das bedeutet auch ein Stück Erinnerungsarbeit. Alle Anlaßfälle – die Diskussion um die Zurverfügungstellung eines Hauses an wohnungslose Salzburger Jugendliche in der Fürbergstraße („Punkerhaus") durch die Stadtverwaltung (v.a. September bis November 1990), die Angriffe der Salzburg Krone auf die Kultursubventionierung der Stadt Salzburg (Juni 1991) und die Aufregung um die Aktion am Mozartdenkmal (September 1991) – drehen sich inhaltlich um den Bereich Kultur und für die Salzburg Krone damit um die Figur des Salzburger Vizebürgermeisters und Kulturstadtrates

Herbert Fartacek. Interessanter als die Figur Fartaceks oder der Kulturbegriff der „Krone" ist aber, wie Empörung und Skandale inszeniert werden, wie übersichtliche Weltbilder konstruiert werden, wie und wen die „Krone" attackiert und wie sie sich und die LeserInnen in dieses Kommunikationsspiel integriert.

Anstößigkeiten

Wer sich durch einen Stoß von Salzburg Krone-Artikeln wühlt, dem fällt auf, wie oft die Zeitung quasi programmatische Aussagen trifft, wie oft sie ihren spezifischen Umgang mit Wirklichkeit selbst entlarvt: *„Sie (die Spitzenfunktionäre der SPÖ, G.St.) wissen nicht mehr, was die ‚kleinen' Leute bewegt – und das sind nun eben* **die Welle** *von Kriminaltouristen,* **die Flut** *illegaler ausländischer Arbeiter und* **der skandalöse Mißbrauch** *von Steuergeld."* (3.10.1990)[2]

Die Salzburg Krone weiß, was die „kleinen" Leute bewegt: Die Salzburg Krone selbst bewegt sie, indem sie nämlich aus Diebstählen von Ausländern eine „Welle" macht, indem sie eine „Flut" illegaler ausländischer Arbeitnehmer konstruiert, indem sie für ihre LeserInnen festmacht, was Mißbrauch und was korrekter Gebrauch von Steuern ist und ersteres zum Skandal erklärt.

Skandale und Sensationen existieren nicht in der Welt, Skandale und Sensationen existieren im Diskurs (vgl. Bruck, 1991b), sie werden konstruiert. Sensationalisierung ist ein durchgängiges Moment der gesamten Salzburg Krone-Berichterstattung. Sie betrifft nicht nur Themenbereiche, die einer konkreten politischen Stoßrichtung zugeordnet werden können. Die Strategie dieser Politik der Empörung ist, daß alles auf das Anstößige reduziert wird. Ob das die Ausbaupläne des Salzburger Flughafens oder die Hausbesetzung durch die

---
[2] Hervorhebungen von Günther Stocker

wohnungslosen Jugendlichen in der Innsbrucker Bundesstraße betrifft, in allem wird das Anstößige gesucht oder es wird einfach konstruiert.

Sollten die vom extrem selektiven Blick der Salzburg Krone-Reporter recherchierbaren Fakten nicht genug hergeben, so wird maßlos übertrieben (vgl. Niederfrieden, 1991:26). Bezeichnend dafür ist auch das bevorzugt verwendete Vokabular, das häufig aus dem Wortfeld „Krieg" stammt. Steinwürfe gegen ein Auto werden zu „Pflastersteinbombardements" (1.10.1990) oder „Pflastersteinkanonaden" (29.9.1990), Streitigkeiten der jugendlichen Hausbesetzer mit den Nachbarn zum „alltäglichen Terror" (29.9.1990) gegen diese. Höhepunkt dieser Strategie war wohl die Salzburg Krone-Titelseite vom 10.9.1991, als die Auseinandersetzungen um Sinn oder Unsinn der Verdeckung des Mozart-Denkmals mit Einkaufswagen von der „Krone" zum „Krieg" erklärt wurden, der da in Salzburg „tobe".

Ebenfalls zum Repertoire gehören demagogische Zahlenspiele. Die Überschrift zu einem Artikel über eine Sitzung des Salzburger Kulturausschusses, in der über diverse Subventionsanträge entschieden wurde, lautete etwa: *„Salzburger Kulturausschuß: Jede Minute kostete die Steuerzahler rund 35.000 Schilling!"*. Aus einer Äquivalenzbeziehung wird eine Kausalbeziehung konstruiert. Eine Minute koste Geld, je länger die Sitzung dauert, desto teurer wird es? Oder billiger? Ein wie auch immer gearteter kausaler Zusammenhang zwischen Sitzungsdauer und Höhe der vergebenen Subventionen ist wohl kaum herstellbar. Was bleibt, ist das Staunen über angeblich unverhältnismäßige Relationen, ein Skandal also.

Die Empörung

Die intendierten Reaktionen auf derartige angebliche Mißstände werden von der Salzburg Krone auch gleich vorgespielt: *„Empörte Nachbarn (machen) ihrem Zorn Luft"*

(29.9.1990), die „Volksseele kocht" (10.9.1991), der „Volkszorn" wird beschworen (10.9.1991). Auffällig ist, daß sich oftmals ganze Artikelserien fast ausschließlich von dem nur wenig variierten Widerspiel von Anstößigkeit und Empörung nähren bzw. die Substanz der Artikel hierin begründet liegt. Dabei verschwimmen die Grenzen zwischen Berichten und Kommentaren, eine traditionelle Trennung im professionellen Journalismus, weitgehend. Über Empörung wird berichtet und Empörung wird geäußert. Die inszenierte Übereinstimmung von „Krone"-Empörung und „Volks"-Empörung schlägt sich auch stilistisch nieder. Zitate werden ungebrochen in die Berichte montiert, oft an die semantisch besonders privilegierte Schlußposition. Die zitierten Personen erscheinen als typische, da vor die Personenbezeichnung ein unbestimmter Artikel gestellt wird. (24.9.1990, 29.9.1990 „ein Anrainer", 23.3.1991 „ein Polizist", 10.9.1991, 11.9.1991 „ein Innenstadt-Kaufmann", usw.). Einerseits suggerieren diese scheinbaren Zeugenaussagen erhöhte Authentizität des Berichteten. Andererseits bedeuten die Zitate im Kommunikationsakt „Krone"-LeserInnen eine Aufwertung letzterer. Sie dürfen scheinbar mitreden. Sie werden scheinbar ernst genommen. Eine Steigerung des Identifikationsgrads LeserIn/Zeitung ist so gewünscht wie absehbar. Derartig massiv und offensichtlich wird diese Strategie in keiner anderen österreichischen Zeitung eingesetzt. Immer wieder sind gerade an dieser Textposition Aussagen von FPÖ-Politikern zu finden, die quasi das Resümee des Artikels ziehen dürfen (z.B.: 10.6.1991, 13.6.1991, 8.9.1991, 10.9.1991). Und das ist keineswegs zufällig so, denn der Empörung um der Empörung willen, die die gesamte untersuchte Salzburg Krone-Berichterstattung durchzieht, entspricht auf der politischen Ebene das Agieren Jörg Haiders. „Jörg Haider ist vor allem für jene attraktiv, denen die politischen Gesinnungsgemeinschaften nicht einmal mehr kleine Pfründe und Privilegien garantieren können, und denen beim grünen Protest noch zuviel Gesinnung beigemischt ist. Jörg Haider, das ist Protest ohne Gesinnung." (Thurnher, 1991:42)

Die auffällige Entsprechung von Neuer Kronen Zeitung und Haider liegt nicht auf der Ebene von politischen Inhalten – obwohl es auch da bemerkenswerte Übereinstimmungen gibt – sondern in der sowohl am Medium „Krone" als auch am Politiker Haider erkennbaren Struktur des Verhältnisses zu Ereignissen und zur Öffentlichkeit.

Das bedrohte WIR

Sensationalisierung und Spektakularisierung sind als diskursive Aktivitäten nicht ausschließlich der Salzburg Krone zu eigen, sie kennzeichnen vielfach die Verfahrensformen des Boulevardjournalismus. Sie sind auch keine Garanten für den Erfolg einer Zeitung, und sie reichen schon gar nicht aus, um den breiten Erfolg der Neuen Kronen Zeitung in Österreich zu verstehen.

Wesentlich spezifischer für die „Krone" ist der durchgängige Aufbau eines „Wir-Gefühls", einer breiten Identifikationsmöglichkeit für die Leser und Leserinnen des Blattes, mit dem es der „Krone" immer wieder gelingt, sich als „Gewächs, das mitten aus dem Leben ihrer Leser stammt" (Bruck, 1991:8) darzustellen. Das WIR wird dabei kaum umrissen, es gibt keine klaren Bestimmungen der angeblichen Gemeinsamkeit. Das verbreitert einerseits den Identifikationsraum, andererseits läßt sich daran auch ein typisches Phänomen der bürgerlichen Gesellschaft erkennen, wie sie der französische Semiotiker und Philosoph Roland Barthes definiert: „Die Bourgeoisie wird definiert als die soziale Klasse, die nicht benannt werden will." (Barthes, 1964:124) Durch dieses Phänomen der „Ent-Nennung" (Barthes:125) gerät das WIR zu etwas Natürlichem, schon immer Dagewesenem. Im Alltagswissen findet sich dieses Phänomen im Begriff „gesundes Volksempfinden" wieder.

Die Zeitung wird durch die Konstruktion dieses breiten Identifikationsraumes zu etwas Vertrautem und erfüllt eine für Printmedien ungewöhnliche Rolle, quasi als guter Freund der LeserInnen. Die durch die ständige Betonung des WIR und den häufigen Einbau von Zitaten geschaffene Kommunikationssituation erzeugt zudem Nähe, die Nähe einer Stammtischdiskussion oder eines Gespräches im Stiegenhaus. Dies wird auch von vielen umgangsprachlichen Ausdrücken gestützt. Hierin unterscheidet sich die „Krone" deutlich von der Distanz üblicher Zeitungslektüre. Der Rezipient ist nicht nur als Zuschauer dabei, sondern auch in den Zeitungstexten beteiligt. Seine Betroffenheit wird über das WIR markant artikuliert, allerdings bleibt er zumeist passiv. Die Führungsrolle beansprucht die „Krone" für sich. Der ständigen Bestätigung des WIR, des einen, quasi natürlichen, entspricht als Negativfolie eine unverständige und aggressive Haltung gegenüber allem anderen.

Frontberichte aus „Chicago"

Die Diskussionen um das „Punkerhaus" in der Fürbergstraße wurden von der Salzburg Krone zu einer aufwendigen Inszenierung von Eigenem und Fremden benutzt: Eine schon allein äußerlich abweichende Gruppe Jugendlicher (Punks) wird mit Attributen wie lärmend (19.9.1990),[3] schmutzig (3.10.1990), arbeitsscheu (27.10.1990), asozial (29.9.1990), gewalttätig (29.9.1990, 30.9.1990, 3.10.1990) und gefährlich (29.9.1990, 1.10.1990) versehen.[4] Die Jugendlichen stellten nun auf zweierlei Art eine Bedrohung dar: Erstens seien sie prinzipiell aggressiv (s.o.), zweitens fehle das ihnen zugeteilte Geld angeblich den „wirklich bedürftige(n)" Menschen

---

[3] Hier wie im folgenden handelt es sich nicht um vollständige, sondern um beispielhafte Aufzählungen derartiger Attributierungen.

[4] Die Nähe einiger dieser Attributierungen zum nationalsozialistischen Antisemitismus-Diskurs ist mehr als ein Zufall. Es geht in beiden um Strategien der Ausgrenzung.

(27.10.1990). Das Ausmaß der imaginierten Bedrohung wird bis zu existentiellen Dimensionen gesteigert, wobei sich die Salzburg Krone immer wieder als Retterin inszeniert. Die folgende Kolumne von Hans Peter Hasenöhrl war auch dem Magazin Profil einen Kommentar wert (Profil Nr.48/26.11.1990).

„'Wien darf nicht Chicago werden' hieß der erfolgreiche Wahlslogan der FPÖ in Wien. Wie treffend diese Aussage war, zeigt allein diese Mordserie an älteren Menschen. In Salzburg standen wir kurz vor dem Eintritt des organisierten Verbrechens in die Stadt. Deshalb hat die „Krone" unerschrocken die Sicherheitsbehörden beim Kampf gegen die Automatenmafia unterstützt. Deshalb forderte die „Krone" ein hartes Vorgehen gegen jene Ausländerbanden und Hausbesetzer, die unter dem Deckmantel der sozialen Hilfsbedürftigkeit Mitleid heischen. (...)"

Hausbesetzer, Ausländer, Mörder, alle sind eins in der Perspektive der Salzburg Krone, denn alle bedrohen den kleinbürgerlichen Kosmos, alle bedrohen das WIR. Welches Ausmaß an Verunglimpfung erreicht wird, spielt keine Rolle. Grell müssen die Analogien sein, ohne Rücksicht auf persönliche Integrität oder Menschlichkeit. „Unerschrocken" macht sich die Salzburg Krone nicht nur zur Sprecherin ihrer LeserInnen, ja zur Sprecherin Salzburgs („In Salzburg standen wir..."), sondern auch zur Retterin, Seite an Seite mit den Sicherheitsbehörden. Im Grunde ist die Demagogie derartiger Konstruktionen nicht allzuschwer zu durchschauen: Zuerst konstruiert die Salzburg Krone über mehrere Ausgaben hinweg eine Bedrohung, die existenzielle Ausmaße annimmt. Bezeichnenderweise wird ein FPÖ-Slogan zitiert, der Chicago, die Chiffre für eine Verbrechensstadt aktualisiert (Die höchste Rate an Gewaltverbrechen in den USA hat schon seit geraumer Zeit Washington). Dann wendet die „Krone" die von ihr selbst imaginierte Bedrohung wieder ab und lobt sich gleich selbst dafür. So überzogen die ganze Kolumne in der distan-

zierten Betrachtung wirken mag: Die „Krone" spielt in einer von ihr selbst erzählten schrecklichen Geschichte die Heldenrolle. Sie stellt sich selbst ins Zentrum, und der/die Leser/in der Zeitung kann ihr anerkennend auf die Schulter klopfen. Allerdings auf Kosten der zu Unmenschen konstruierten Anderen.

Wiederholt wird die Opposition „asoziale" Punks versus „brav arbeitende Menschen", alleinerziehende Mütter, u.ä. als Kausalzusammenhang aufgebaut (24.9.1990, 29.9.1990, 30.9.1990, 1.10.1990). Letzere müßten leiden, weil erstere bevorzugt würden. Der angebliche Zusammenhang wird über die Steuergelder hergestellt. Tenor: kein Steuergeld für Randgruppen. So der Chefredakteur der Salzburg Krone in einer Kolumne vom 24.9.1990 mit dem Titel „Auf der Flucht":

„Wenn die Stadt Salzburg unser Steuergeld für Randgruppen – etwa für Hausbesetzer – ausgibt, so zeigt dies ganz klar die Richtung, in die dieser übersoziale Zug fährt: Scharf nach links. Ich meine, wir sollten uns viel mehr um jene kümmern, die brav arbeiten und dennoch einen harten Existenzkampf bestreiten müssen."

Das Wort „brav" wird üblicherweise nur zur Bewertung von Kinderverhalten verwendet. Hier erzeugt das Lexem Familiarität und Nähe. Es entstammt einem relativ begrenzten Diskurs, dessen Aktualisierung im Journalismus nicht zu erwarten ist, denn transaktionsanalytisch betrachtet schreibt Hasenöhrl aus der Position des Eltern-Ichs, begibt sich also in die Vaterposition.[5] In der immer noch herrschenden patriar-

---

[5] Wilhelm Reichs Analyse des Kleinbürgertums (Reich, 1986:Kap.II) verweist auf folgenden Zusammenhang: „Zunächst spiegelt sich die staatliche und ökonomische Stellung des Vaters in seinem patriarchalischen Verhältnis zur übrigen Familie wider. Der autoritäre Staat hat als seinen Vertreter in jeder Familie den Vater, womit er sein wertvollstes Machtinstrument wird." (Reich:67) Daraus schließt Reich: „Die Summe dieser moralischen Haltungen (des Kleinbürgertums, G.St.), die sich um die Stellung zum Sexuellen gruppieren und gemeinhin als ‚Spießertum' bezeichnet werden, gipfelt in den

chalischen Familienstruktur fallen der Vaterrolle unter anderem die Funktionen der Vertretung nach außen, des Schutzes sowie der letztgültigen Bewertung des Verhaltens der Familienmitglieder zu. Der Vater/die „Krone" lobt und straft und schlägt nötigenfalls auch zu, um den Machtanspruch durchzusetzen. Familiarität stellt sich also nicht nur über die aktualisierten Wortfelder her, sondern auch durch die Struktur der Sprecher-/Hörerrollen. Die „Krone" und ihre Leser spielen Familie, wobei die „Krone" den Machtanspruch der autoritären Vaterrolle für sich in Anspruch nimmt. Diese Macht kann auch ausgrenzen, verstoßen. Beispielhaft für die Konstruktion der Opposition zwischen Eigenem, Familiärem und Fremdem, Bedrohlichem ist eine Kolumne Hans Peter Hasenöhrls vom 2.10.1990:

„Aber wer unter dem Schutz eines Linkspolitikers steht, für den gelten offensichtlich in dieser Stadt andere Gesetze. Da kann ich mich erinnern, daß unlängst gegen eine Frau, die ihre 15 Katzerln in einer Wohnung hielt, mit einem sanitätspolizeilichem Großeinsatz des Magistrates vorgegangen wurde. Nach den mir vorliegenden Informationen halten sich in dem besetzten Haus an manchen Tagen zwischen 20 und 30 Personen auf, (...)."

Diese Tiere suggerieren Familiarität und Bürgerlichkeit – nicht umsonst wurden sie mit einer Vernihedlichungsendung versehen – und werden gegen die zu Unmenschen konstruierten (s.o.) Punks ausgespielt.

Ebenfalls deutlich wird in diesem Textausschnitt die ständige Wendung gegen alles von „links". In der Neuen Kronen Zeitung ist „links" ein klares Signal für „Feindbild".

So wie sich die Salzburg Krone als Anwältin der Schwachen inszeniert, wird auf der Gegenseite der Salzburger Vi-

---

Vorstellungen – wir sagen Vorstellungen, nicht Taten – von *Ehre* und *Pflicht*."
(Hervorhebungen im Original – Reich:67)

zebürgermeister Herbert Fartacek, der sich vehement für die Jugendlichen einsetzte, als Beschützer des Übels dargestellt (30.9.1990, 1.10.1990):

"3,2 Millionen Schilling Steuergeld will Salzburgs linksangehauchter Vizebürgermeister Herbert Fartacek verschleudern: Soviel kostet das Nobelquartier für jene randalierenden Punker, die – es stand in der „Krone"– gerade der Gesellschaft den Krieg erklärt haben." (Hasenöhrl, 30.9.1990)

Paradigmatisch ist auch in diesem Zitat wieder die Konstruktion von extremen Unverhältnismäßigkeiten. Wiederum wird ein positiv besetzter Begriff („Nobelquartier") einem negativ besetztem Begriff („randalierende Punks") gegenübergestellt, was Spektakularität erzeugt. Diese Unverhältnismäßigkeit ist auch insofern funktional, als sie mithilft Vizebürgermeister Fartacek zu diskreditieren. Ein klarer Schuldiger wird festgestellt. Denn wer für derartige „Ungerechtigkeiten", die textuell erzeugt wurden, Geld verwendet, „verschleudert" es. Das angebliche „Nobelquartier" ist ein renovierungsbedürftiges Einfamilienhaus. Die realen Umstände aber stehen in diesem Falle für die Salzburg Krone nicht zur Debatte.

Die Konstituierung des Anderen erfolgt also nicht über die fundierte Kenntnis dessen, sondern mittels simpler Etikettierungen, welche die systematische Ausgrenzung der Randgruppen im Diskurs und folglich auch in der Praxis erleichtern. Die Stempel „randalierende Punks", „linksangehauchter Politiker", „Künstler minderer Güte" (14.9.1991) und letztlich „Gesindel" (10.9.1991) markieren klare Positionen im Diskurs und bedürfen offensichtlich keiner Legitimation, die außerhalb textueller Verunglimpfungsstrategien erzeugt wurde. Komplexe politische, soziale oder ästhetische Zusammenhänge werden so auf kurze Nenner gebracht, die permanent wiederholt, leicht erkennbar, einschätzbar und überschaubar werden. Eine ver-rückte Welt entsteht, die mit dem Bedürfnis nach Wissen über dieselbe kaum noch etwas zu tun hat.

Wie groß die Unkenntnis der Umstände ist und wie sehr die Inszenierung gegenüber der Information überwiegt, zeigt sich am Umgang mit den Begriffen „Punks" und „Skinheads" in der Salzburg Krone. „Punks" und „Skinheads" bezeichnen zwei sehr unterschiedliche Jugendgruppen, ja Lebenshaltungen. Während die glattgeschorenen „Skins" vor allem in extrem rechten bis neonazistischen Kreisen angesiedelt sind, oftmals im Zuge von Raufereien im Umfeld von Fußballspielen auffallen, sind Punks traditionellerweise einer eher anarchistischen Linken zuzurechnen. Lebenskultur und -haltung zeigen ebenso krasse Unterschiede. So ungenau und oberflächlich diese Zuordnung hier bleiben mag, es geht zunächst darum festzuhalten, daß Punks und Skins miteinander verfeindete Gruppen sind, und es in Großstädten häufig vorkommt, daß Skinheads Punks regelrecht überfallen. Diese grundsätzliche Unterscheidung sollte zumindest Journalisten klar sein. Die Salzburg Krone bezeichnet die BesetzerInnen des Hauses in der Innsbrucker Bundesstraße mehrmals als „Punks und Skinheads" (1.10.1990, 2.10.1990), wobei eine Gemeinsamkeit realiter undenkbar ist. Das Denkmuster der „Krone" heißt „asoziale, unangepaßte jugendliche Außenseiter" und wird entgegen allen Tatsachen durchgezogen. Ein makabres Beispiel bietet die Salzburg Krone vom 25.6.1991: Titel: *„Wieder großer Wirbel um ‚Punker' und ‚Skinheads': Leute verprügelt"*. In der Folge wird im Zusammenhang mit dem sogenannten „Punkerhaus" davon berichtet, wie Punks zwei Salzburger Jugendliche schwer verprügelt hätten. *„Das Treiben von sogenannten ‚Punkern' und ‚Skinheads' in Salzburg ist bereits sattsam bekannt, aber schon wieder sind Fußgänger Opfer dieser Randgruppen: (...) Augenzeugen schilderten wenig später: Der Mann ist von vier Punkern, drei Männer und eine Frau, mit einem Baseballschläger niedergeschlagen worden."* Am Schluß des Artikels wird ein neuer Polizeibericht kurz zitiert, der besagt, daß es sich bei den Tätern doch eher um Skinheads gehandelt haben dürfte.

In den Salzburger Nachrichten vom selben Tag (25.6.1991) wird unter der Überschrift „Ich hasse alle Punker" von der gleichen Auseinandersetzung berichtet. Nur ging es offensichtlich darum, daß eine Gruppe von vier Skinheads „Jagd" auf Punks machte und diese Opfer und nicht Täter waren. „... kam es auf dem Alten Markt zu einer neuerlichen Konfrontation. ‚Zieh dir was Ordentlicheres an. Ich hasse alle Punker!' Mit diesen Worten riß der Anführer der kurzgeschorenen, in Tarnhosen, Lederjacken und Schaftstiefeln steckenden Skinheads einen 16jährigen Arbeiter zu Boden." (SN 25.6.1991) Aber harmlose „Fußgänger" (Salzburg Krone 25.6.1991) passen als Opfer eben besser ins „Krone"-Bild als die Punks.

Wie die Salzburger Nachrichten zeigen, hat sich der reale Tatbestand sehr wohl recherchieren lassen. Allerdings bringen Skins, die Punks verprügeln, wohl keine so spektakuläre Schlagzeile ein. Zudem müßte die Salzburg Krone ihren LeserInnen dann den Unterschied zwischen diesen Jugendgruppen erklären. Wie aber bereits gezeigt, sind Skins und Punks im „Krone"-Diskurs Etiketten. Irritation und eine Relativierung der eigenen Position sind auf jeden Fall zu vermeiden, ungeachtet der Kosten. Im Umgang mit dem Anderen regiert also vor allem Unkenntnis in den Texten der Salzburg Krone.

Die Ausprägung eines spezifischen Verhältnisses von Eigenem und Fremdem konstituiert sich aber nicht nur auf den Ebenen von Werturteilen und Wissen, sondern auch über Handlungsanleitungen. Diese praxeologische Ebene wird in der „Krone" immer wieder forciert. So findet die systematische Ausgrenzung des Anderen auf diskursiven Weg ihre praxeologische Entsprechung in den Forderungen der Salzburg Krone. „Ein Reservat im Niemandsland" wünscht sich Roland Ruess in der Salzburg-Krone vom 1.10.1990 für die „Asozialen". Ein Echo findet diese Forderung u.a. in einem Leserbrief vom 13.11.1990. Der Begriff „Reservat" wird üblicherweise nur im

Zusammenhang mit Wildtieren oder Indianern gebraucht. In unserer Kultur konnotiert der Begriff Bedeutungsaspekte von Gefangenheit und Exotik. Das Ziel von Reservaten ist, etwas wegzuschieben, mit dem die herrschende Gesellschaft nicht zurecht kommt, etwas, das in seiner Andersheit nicht akzeptiert wird, etwas, das die eigene Lebensform zu bedrohen scheint. Ist etwas in den engen kleinbürgerlichen Kosmos nicht zu integrieren, wird es ghettoisiert. Ihre extremste Form fand dieses Denksystem in den nationalsozialistischen Pogromen. Vor allem aber in Verbindung mit dem Begriff „Niemandsland" sind Anklänge an den NS-Diskurs nicht mehr von der Hand zu weisen. Das Fremde wird zum totalen Objekt, mit dem in beliebiger Weise verfahren werden kann, da es durch den Ausschluß aus dem WIR (der „Volksgemeinschaft"?) seine Rechte verloren hat. Wer sich gegen das Eigene stellt, wer sich in den eigenen Kosmos nicht integrieren oder assimilieren läßt, wird zum Spielball der Aggressionen. „Wie den Neger oder den Russen assimilieren? Hier gibt es nur eine Rettung: den Exotismus. Der Andere wird zum reinen Objekt, zum Spektakulum, zum Kasperle. An die Grenzen der Menschheit verwiesen (Vgl. ‚Reservat im Niemandsland'! G.St.), stellt er für das Zuhause keine Gefahr mehr dar." (Barthes, 1964:142)

Wie aus der bisherigen Analyse deutlich wurde, ist gerade die Salzburg Krone eine Instanz, die durch ihr Weltbild und auch durch explizite Aufrufe an die Grenzen der Menschheit verweist.

Von Unkultur und teuren Minuten

Die Diskussion rund um das besetzte Haus und die Punks ist sicherlich ein besonderes Exempel, nichtsdestoweniger aber typisch für die Weltbildstruktur, die in der Salzburg Krone erzeugt wird, wie auch der Anlaßfall Subventionspolitik zeigt.

Die Anderen sind in diesem Fall vor allem diverse KünstlerInnen und KulturveranstalterInnen, denen vom Kulturausschuß des Salzburger Gemeinderates Subventionen zugestanden werden. Gemeinsam mit den Punks werden sie als „Vampire" verunglimpft (14.6.1991).

Auch hier wird wieder ein WIR gebraucht. Es wird in diesem Fall mit „den Steuerzahlern" definiert. Das Moment des Steuerzahlens ist konstitutiv für die „Wir"-Gemeinde. Immer wieder erfolgt der Hinweis, daß WIR Steuern zahlen, daß es um „unser" Steuergeld geht, das die anderen, die in diesen Konstruktionen nie Steuern zahlen, sinnlos verschwenden. Somit erscheinen die Attacken auf die SubventionsempfängerInnen gerechtfertigt. Es scheint einen klar markierbaren Unterschied zu geben. Es wird an den Geiz appelliert. Dieses WIR ist zwar nicht existentiell, aber eben finanziell bedroht. „Unser Steuergeld" (9.6.1991) wird für sinnlos anmutende Dinge verschwendet. Die Sinnlosigkeit der diversen Projekte wird scheinbar dadurch belegt, daß nur die Projekttitel für die Subventionen (und dies meist in flapsiger Form) genannt werden (7.6.1991, 9.6.1991). Worum es in den eingereichten Projekten geht, bleibt unklar:

„Um 7.34 Uhr geht's los. Erster Punkt: 200.000 S für die ‚ARGE Musikanimation' und ein Projekt ‚Unterwegs zu Mozart'. Das wird zurückgestellt, noch einmal beraten. Nach acht Minuten wird's erstmals teuer. 125.000 S für die ‚Städtepartnerschaft Salzburg/Singida' sind im Papierumdrehen beschlossen. Und in derselben Minute kriegt auch noch eine Doris Hintersteiner gegen die Stimmen von FPÖ und Bürgerliste 30 Tausender für ein Tanztheaterprojekt."

Die textuelle Strategie läuft darauf hinaus, die vergebenen Subventionsbeträge mit dem zeitlichen Ablauf des bürokratischen Vorgangs in Beziehung zu setzen. Inhalte und Ziele der Projekte, die bei einer Diskussion über die Subventionsvergabepraxis doch eher in Beziehung zur Geldvergabe zu setzen wären, kommen nicht zur Sprache. In diesem Text wird auch nicht an die Vernunft appelliert, sondern an den Geiz. Die „Krone" kann sich offenbar nicht vorstellen, daß Kultur Geld kostet. Entsprechend ist auch das Resümee des zitierten Artikels: *„Fazit für den Steuerzahler: 1,6 Millionen Schilling hat ihn die dreiviertelstündige Sitzung gekostet. Gut 35.000 pro Minute."* Mit dem Ansatz, festzuhalten wieviel Geld pro Minute ausgegeben wird, ohne jegliche inhaltliche Diskussion, ist auch kein anderes Fazit zu erwarten. Wie unverhohlen Neid und Geiz aufgebaut und angesprochen werden, zeigt auch eine Kolumne Hans Peter Hasenöhrls vom selben Tag, in der er sich ebenfalls Subventionsgelder wünscht: *„Und die Rechnung für den Englisch-Vorschulkurs meiner Tochter Julia möchte ich unter ‚Städtepartnerschaften' verbucht wissen (...)"*

Eine „augenfällige" Unverhältnismäßigkeit wird konstruiert und – wie im Fall der Jugendlichen in der Fürbergstraße („Punkerhaus") – in einen kausalen Zusammenhang zur Not vieler („braver") Familien gebracht (14.6.1991). Weil Kultur bzw. in den Augen der Salzburg Krone „Unkultur" finanziell unterstützt wird, gäbe es kein Geld für die „wirklich Bedürftigen". Dabei werde im Salzburger Kulturausschuß mehr Geld in einer Minute vergeben als der/die Durchschnitts-SalzburgerIn in einem Monat verdiene. Die „Krone" rechnet dies ihren Lesern/innen plakativ vor. Ein Cartoon vom 21.6.1991 illustriert diese Scheinpolarität (Sozial- und Kulturbudgets werden mit der Erstellung des Gesamtbudgets der Stadt ausgehandelt, stehen also – mit Ausnahme der Nachtragsbudgetierungen – fest) weiter: Ein fein gekleideter Mensch kommt aus dem Kulturamt, Geldscheine um sich werfend, während eine große Gruppe ärmlich gekleideter Menschen vor dem Sozialamt Schlange steht.

Auch der Stadtrat Fartacek wird in diese Polarität eingebaut. Die Salzburg Krone beginnt, ihn ohne aktuellen Sachbezug immer häufiger „der frühpensionsberechtigte Politiker" zu nennen (14.6.1991, 10.9.1991, 11.9.1991, 15.9.1991). Im

Zusammenhang mit der Erwähnung der Wohnungsnot und den finanziellen Problemen vieler Familien wird somit eine besondere Unverhältnismäßigkeit hergestellt, die der persönlichen Verunglimpfung dient. Um eine allgemeine Diskussion von Politikerprivilegien geht es nicht. Diese Reduktion von zum Teil komplexen politischen Zusammenhängen auf das (Miß-)Verhalten einzelner Personen hält das Weltbild überschaubar und verlangt keine neuen oder geschärften Wahrnehmungsraster. Fartacek wird im „Krone"-Diskurs zur Symbolfigur für „Unkultur" und „Steuerverschwendung" gemacht. Im Rollenspiel der Salzburg Krone hat er durchgehend den Rädelsführer der Unerhörtheiten zu mimen. Selbst vor naivsten Verunglimpfungen schreckt die Salzburg Krone nicht zurück:

„Der frühpensionsberechtigte Salzburger Vizebürgermeister und Punker-Referent, der karenzierte Professor der pädagogischen Akademie, Herbert Fartacek (...)" (11.8.1991)

Eine Aufzählung lächerlicher Titel, ein im Karneval häufig verwendetes Redemittel, markiert die Abwertung der Person. Damit werden ohne argumentative Begründungen deutliche Werturteile gefällt. Immer wieder wird Fartacek in die angeführten Zusammenhänge eingesetzt, bis es zu dem Effekt kommt, daß er durch einen Diskurs wie den über das „Punkerhaus" nicht mehr explizit zum Bösewicht gestempelt werden muß, sondern daß allein seine Beteiligung an einer Sache, diese diskreditiert. Ein Beispiel bietet die Berichterstattung über das Mozartdenkmal:

„Eine grundsätzliche Feststellung ist vorweg zu treffen: Diese sogenannte Kulturaktion steht unter der Patronanz des Salzburger Vizebürgermeisters und Professors Dr. Herbert Fartacek, bezahlt wird sie aus Steuergeldern." (8.9.1991)

Auch hier werden die für den „Krone"-Diskurs konstitutiven Strukturelemente deutlich: Reklamation des Kulturbegriffs für sich, Betonung der Steuerkosten und Personalisierung.

„Wie Clint Eastwood – Frogt ned, schießt gut"[6]

Weltbild ist eine Interaktionskategorie, deren Stabilität davon abhängt, daß das Einfühlen des Lesers mit der Intention des Schreibers zumindest teilweise korrespondiert. Und dies funktioniert bei der Salzburg Krone nahezu reibungslos. Ein Vielzahl textueller Strategien hilft diese Übereinstimmung zu konstruieren (s.o.). Mehrheitsfähige LeserInnenpositionen werden im Salzburg Krone-Diskurs aufgenommen und die Salzburg Krone inszeniert sich als Sprecherin der LeserInnen. Die Zeitung organisiert ihre Haltungen und moralischen Bewertungen als die einer breiten LeserInnenschaft. Moral ist somit marktfähig geworden. *„Und wie mir eine Flut von Anrufen zeigt, stehe ich mit meiner Ansicht nicht so ganz allein,"* meint Hans Peter Hasenöhrl beispielsweise am 2.10.1990. Mit großer Hartnäckigkeit macht sich die Salzburg Krone immer wieder selbst zum Akteur. Immer wieder wird auf die eigene Funktion referiert: *„Die Krone berichtete."* (1.10.1990, 3.10.1990, ...), immer wieder werden Eigenschaften hervorgehoben, welche die Salzburg Krone als Mischung zwischen Robin Hood und Eliot Ness erscheinen lassen: *„Und wenn unbestechliche Journalisten der „Krone" den Subventionsdschungel ein wenig lichten, (...)"* (2.8.1991), *„die mutigen Reporter unserer Lokalredaktion"* (1.10.1990), *„Sie lesen eine wirklich unbestechliche und tatsächlich unabhängige Tageszeitung"* (15.9.1991).

Was die Salzburg Krone unter anderem von allen anderen Tageszeitungen dieses Landes unterscheidet, ist ihre Selbst-

---

[6] Textzeile aus dem Lied „Supersheriff" der österreichischen Rock-Kabarett-Gruppe „Drahdiwaberl".

stilisierung zum Helden. Die Zeitung erhält dadurch ein wesentlich greifbareres Profil als vergleichbare Medien, wird zum verläßlichen, vertrauten Saubermacher. Ihr Image ist nicht nur durch abstrakte Prozesse aus den Texten und Bildern zu holen, nicht nur als aufdringliche Werbung präsent, sondern es wird ausgesprochen und ausagiert, eine handliche und attraktive Corporate Identity wird stolz nach außen präsentiert. Somit ist die Salzburg Krone nicht nur Produzentin, sondern auch Produkt ihres Diskurses.

Die Salzburg Krone inszeniert sich so erst zu einem Partner im täglichen Existenzkampf der „kleinen Leute". Und daraus bezieht sie auch ihre vorgebliche Legitimation, diese zur Ausgrenzung von Unliebsamen aufzurufen. Die „Krone" durchbricht die übliche Sprechaktstruktur von Zeitungen, die von Behauptungen, Berichten, Beschreibungen und Feststellungen geprägt ist, und setzt auf direkte Aufrufe und Appelle, die in ihrer Deutlichkeit keine Zweifel aufkommen lassen:

„1.) Wie keine andere Zeitung in diesem Land stellt sich die Salzburg Krone auf die Seiten (sic!) der Schwachen, wenn es gilt, die Mächtigen in die Schranken zu weisen. (...)
2.) Wir sind klar und eindeutig auf der Seite von Recht und Ordnung. (...)
3.) Distanzieren Sie sich von Außenseitern und Extremisten. (...)" (Ausschnitte aus einem mit 22.11.1990 datierten Flugblatt von Hans Peter Hasenöhrl, das er an die Anrainer der Innsbrucker Bundesstraße verteilen ließ.)

Viele KritikerInnen titulieren die „Krone" immer wieder süffisant als „Kleinformat", wobei ein nicht unbeträchtliches Maß an Geringschätzung mitschwingt. Die Wirkungsmächtigkeit der „Krone" zu unterschätzen ist allerdings ein Fehler. Auch wenn viele der tagtäglichen Geschichten von guten und bösen Menschen, von Sterben und Sexualität, von Bedrohung und Rettung schnell wieder vergessen werden. Auch wenn vieles banal und lächerlich erscheint. Auch wenn wenige das Blatt für wahrhaftig und ernst nehmen. Auch wenn es im Bus, in der U-Bahn, beim Frühstück oder am Arbeitsplatz nur oberflächlich gelesen wird. Wer spricht oder schreibt, handelt. Wer zu und mit Millionen spricht, dessen Handeln hat weitreichende Folgen.

„Wann Krieg beginnt, das kann man wissen, aber wann beginnt der Vorkrieg. Falls es da Regeln gäbe, müßte man sie weitersagen. In Ton, in Stein eingraben, überliefern. Was stünde da? Da stünde unter anderen Sätzen: Laßt euch nicht von den Eigenen täuschen." (Christa Wolf: Kassandra)

Literatur:

Barthes, Roland: Mythen des Alltags. Frankfurt/M.: Suhrkamp 1964.

Bruck, Peter (Hg.): Das österreichische Format. Kulturkritische Beiträge zur Analyse des Medienerfolges „Neue Kronenzeitung". Wien: Edition Atelier 1991.

ders.: Das österreichische Format – Eine Einleitung. In: Bruck a.a.O., S.7–23.

ders.: The Spectacularisation of Crisis: Tabloid Format and the Politics of Outrage. Typoskript eines Vortrages gehalten anläßlich der „Laval Conference on Media and Crisis", März 1991(b).

Niederfrieden, Alina: Der Journalist im Kommerz – Arbeit und Alltag in der Neuen Kronen Zeitung. In: Bruck a.a.O., S.24–33.

Reich, Wilhelm: Die Massenpsychologie des Faschismus. Köln: Kiepenheuer und Witsch 1971, 1986.

Thurnher, Armin: Acht Schilling für Hans Dichand – Aus einem Tagebuch über das Leben mit der Kronen Zeitung. In: Bruck a.a.O., S.34–53.

Wolf, Christa: Kassandra. Frankfurt/ M.: Luchterhand 1986.

Projekt zur Einschlichtung
des Mozartdenkmals mit
Einkaufswägen

Bau- u. Lattungerüst
Erforderliche Einkaufswägen
ca. 500-700

Paris ca. 8 x 8 m

Fa. Wanzl: Draht- u.
Metallwarenfabrik
Ges.m.b.H & Co
Vertriebs KG
Deutschstr. 12
1232 Wien
Tel: 0222/6125 46

Normalität als Ideologie
Die Lebenswelt der Kronen Zeitungs-Gemeinde

Kurt Luger

Ein Spießer ist ein Mensch, der sich in der Enge des von ihm gegebenen Rahmens wohl fühlt, sich in einem festgefügten Gehäuse konventioneller Lebensformen, Anschauungen und Wertmaßstäbe sicher weiß und selbstgerecht darin beharrt. Wir kennen alle den Spießbürger – wir müssen offen zuzugeben lernen, daß es auch den Spießproletarier gibt; die Kritiker der proletarischen Bewegung aber müssen lernen, daß der Spießproletarier noch lange kein Bürger ist, und mehr: daß der Spießer – mag er einem als Typus sympathisch sein oder nicht – eine Größe ist, mit der wir überall zu rechnen haben.

(Theodor Geiger, Zur Kritik der Verbürgerlichung, 1931)

Format: Klein

Der Salzburger Philosoph Leopold Kohr hat in seinem Hauptwerk „Die überentwickelten Nationen" (Kohr, 1983) in anschaulicher Weise die großen Vorteile der kleinen Form am Beispiel der Kleinstaaten beschrieben: Beweglichkeit, Flexibilität, Überschaubarkeit, letztlich ausdrückbar in einer höheren Lebensqualität. Die kleinen Einheiten haben noch ein menschliches Maß, die Menschen in der Kommune noch ein Gesicht und den Diskurs noch nicht verlernt wie die „faces in the crowd" einer Großstadt, die Sprachlosigkeit kommunizieren. Die Schattenseiten der kleinen Form pointierte Berthold Franke in seiner Untersuchung über die politische Erscheinungsform des Kleinbürgers (Franke, 1988): Politik aus Stammtischperspektive, Normalität als Prinzip, Bewahrung der etablierten Grenzen und Pflege des heimatkundlich Provinziellen. Kleinheit wird hier nicht als Chance begriffen, sondern als Präfix für kleinkariert, kleingeistig und – kleinformatig.

In der österreichischen Presselandschaft scheint man das kleine Format seit Jahren wörtlich zu nehmen. Als die Kronen Zeitung begann den Pressemarkt zu beherrschen und zum Siegeszug in den Bundesländern antrat, glaubten etliche Regionalzeitungen mit der selben Waffe zurückschießen zu müssen. Daß die „Kleine Zeitung" Graz und Klagenfurt sich ein dem Titel entsprechendes Format wählt, mag noch verstehbar sein. Als aus der traditionsreichen „Arbeiter-Zeitung" ein linksliberales Blatt im Halbberliner Format wurde, konnte es sich als „AZ" letztlich ebensowenig behaupten wie als großformatige Parteizeitung mit regionalen Ausgaben. Das typische österreichische Zeitungsformat heutzutage ist das Kleine. Die „Neue Vorarlberger" und die „Kärntner Tageszeitung" erscheinen ebenso kleinformatig wie „Die ganze Woche" oder regionale Wochenzeitungen und sie gleichen ihrem Vorbild, dem großauflagigen Kleinformat, nicht nur in der Aufmachung sondern auch im Inhalt.

Zum Kleinformat – so die hier auszuführende These – gehören der Kleinbürger und seine Frau wie die Bugwelle zum Schiff. Die Lebensstil-Analysen, die in den letzten Jahren in diesem Land durchgeführt wurden, die die Werthaltungen, Lebens-, Kultur- und Konsummuster der österreichischen Bevölkerung genau vermessen haben, legen diesen Schluß nahe. In der Leserschaft der Kleinformate sind insbesondere jene Bevölkerungsteile vertreten, die als „kleinbürgerlich" im folgenden beschrieben werden und sie finden ihre Einstellungen journalistisch verpackt in diesen Blättern wieder. So ließe sich fragen, was zuerst da war: der kleinbürgerliche Leser oder der kleinbürgerliche Redakteur?

Stil: kleinbürgerlich

Im Vergleich zeigt sich, daß die österreichische Bevölkerung gegenüber dem europäischen Durchschnitt deutlich konservativer und konventioneller denkt, vorsichtiger und mißtrauischer der Welt gegenüber steht und auch weniger **großzügig** bzw. wohltätig veranlagt ist. Für ein führendes Tourismusland, **das** jährlich rund 90 Millionen Übernachtungen von Besuchern aus dem Ausland aufweist, sind dies bemerkenswerte Befunde. Die Daten der „Euro-Styles"-Studie zeigen auch, daß die Österreicher weniger aktiv in Gesellschaft und Geschäft engagiert sind, aber etwas mehr Protestpotential entwickeln, **was auf** eine größere Unzufriedenheit schließen läßt.

Lebensstile sind Ausdruck einer persönlichen **Selbstdarstellung** auf der Grundlage der materiellen Lebensbedingungen und Vehikel zur Sicherung von Identität. Die identitätsstützende Funktion erscheint sogar am bedeutsamsten, weil sich Menschen bevorzugt am Signalcharakter distinkter Symbole erkennen und an Gruppen mit ähnlichen Lebensstilen orientieren.

Durch die im Alltagsleben sichtbaren Verhaltensweisen und symbolischen Praktiken demonstrieren Individuen und Gruppen gegenüber der Umwelt ihre Gemeinsamkeit oder **zeigen,** daß sie sich von ihnen abgrenzen. Als Lebensstil bezeichnet man daher jenen Bestandteil sozialer Ungleichheit, der von den Individuen größtenteils bewußt „gemacht" bzw. inszeniert wird. Lifestyle ist somit nach Hartmut Lüdtke nichts anderes als ein Muster zur Alltagsorganisation im Rahmen gegebener Lebenslagen, verfügbarer Handlungsspielräume und eines geplanten Lebensentwurfes, etwas, mit dem man sich identifizieren kann. (Lüdtke, 1989)

Die Medien und hier gerade so akzeptanzstarke wie die Neue Kronen Zeitung, sind in dieses Gefüge von „Szene" bzw. „Bezugsgruppe", „Umwelt" und „Zeitgeist" als Vermittler eingebunden. Sie haben eine Identifikationsfunktion, eine Diversifikationsfunktion und eine Verbreitungsfunktion, anders ausgedrückt sind sie Kompositeure, Segmenteure und Kolporteure von Lebensstilen. Kurz zusammengefaßt bedeutet dies: Grundsätzlich werden jene Medien von den Konsumenten ausgewählt, die ihnen die meiste Hilfestellung bei der Bewältigung des Alltags versprechen. Für andere Leser ist nicht eine gemeinsame kulturelle Identität von Bedeutung, sondern die Abgrenzung, d.h. die Diversifikation und damit die Segmentierung. Schließlich bringen die Medien als Kolporteure ganze „Lebensstil-Entwürfe" wie verschnürte Konsumpakete unter die Leute.

Ausgangspunkt für die folgende Analyse sind die Ergebnisse der Austrian Lifestyle-Untersuchung aus dem Jahr 1990. Durch die Fusion aus Lifestyle- und Optima-Untersuchung des Fessel+GfK-Instituts läßt sich die Interpretation an einer Stichprobe von 12.000 Fällen durchführen. Demnach besteht die Klientel der Neuen Kronen Zeitung aus 7,9% „Häuslichen", 7,5% „Angepaßten", 12,5% „Interessierten Älteren", 16,4% „Ländlich-Religiösen". In den beiden letzten Gruppen erreicht die NKZ prozentuell weit mehr Leser als andere Zeitungen. Der Lebensstil dieser Gruppen ist geprägt durch familienzentrierte Häuslichkeit, Sparsamkeit aufgrund niedrigen Einkommens, sie denken traditionell und kommen zumeist aus der unteren Bildungsschicht. Auch unter den „Häuslichen" und „Angepaßten", vorwiegend wohlstandsorientierte Arbeiter und Mittelschichtangehörige, denen es um die Bewahrung ihrer kleinen Welt geht und die einen beschaulichen Alltag pflegen, sind prozentuell mehr „Krone"-Leser, lediglich der Kurier erreicht bei den Häuslichen einen höheren Prozentanteil.

Verteilung von Lebensstil-Typen unter den Zeitungslesern

	1	2	3	4	5
Reichweite	42,0	4,0	3,1	2,3	
Genußorientierte	14,2	14,1	12,3	20,7	12,2
Angepaßte	7,5	4,7	6,6	6,3	5,8
Persönlichkeitsorientierte	13,6	21,0	14,6	16,0	14,0
Häusliche	7,9	7,1	6,9	7,9	7,3
Erlebnisorientierte	6,6	6,3	6,6	6,3	6,5
Etablierte	10,9	18,3	17,0	10,0	11,9
Interessierte Ältere	12,5	5,4	10,8	10,2	13,4
Prinzipienorientierte	5,0	6,7	7,0	5,0	5,7
Ländlich Religiöse	16,4	11,6	12,4	13,3	16,8
Stadtsenioren	5,4	4,9	5,8	4,2	6,3

Reichweite Gesamt-Österreich; Salzburg-Krone: nur Bundesland Salzburg
Legende: 1 = Neue Kronenzeitung; 2 = Der Standard; 3 = Salzburger Nachrichten; 4 = Salzburg Krone; 5 = Basis der Befragung (12.000)
Quelle: Fesel+GfK-Institut: *Optima/Life Style 1990*, Wien 1991.

Auf dem anderen Pol steht die Leserschaft der neu gegründeten Qualitätszeitung „Der Standard" mit 21% „Persönlichkeitsorientierten", 14,1% „Genußorientierten", 5,4% „Interessierten Älteren" und 11,6% „Ländlich-Religiösen". Von der Leserschaft des „Standard" sind 18,3% „Etablierte", also Erfolgreiche und Selbstbewußte mit hoher Bildungs- und Leistungsbereitschaft, unter den „Krone"-Lesern sind es 10,9%. Ähnlich auch der Unterschied bei den „Persönlichkeitsorientierten": 21% beim „Standard", 13,6% bei der „Krone". Der Lebensstil der „Persönlichkeitsorientierten" ist gekennzeichnet durch eine kritische gesellschaftspolitische Haltung, sie verfügen über ein hohes Bildungsniveau, sind modern, intellektuell und orientieren sich weniger an materiellen Statussymbolen. Das so erstellte Profil des größten Kleinformats gibt somit einen Aufschluß über die Lebensstile seiner Leserschaft, die sich von jener anderer Zeitungen, die zumeist zwischen diesen Polen liegen, deutlich unterscheiden.

Multipliziert man diese Werte mit der Reichweite der Zeitungen, die bei der NKZ bei 42% liegt, so erreicht sie 54% aller „Angepaßten", 45,2% aller „Häuslichen", 48,8% der „Genußorientierten", aber beispielsweise nur 38,5% der „Etablierten". In Salzburg, wo sie den „Salzburger Nachrichten" die Rolle des Marktführers streitig machen möchte, liegt sie prozentuell bei den „Genußorientierten", den „Persönlichkeitsorientierten", bei den „Ländlich-Religiösen" und den „Häuslichen" besser als die SN, die insbesondere bei den „Etablierten", aber auch bei den „Prinzipienorientierten" sowie bei den „Interessierten-Älteren" noch eine mehr oder weniger klare Spitzenstellung einnehmen.

Eine ähnliche Unterscheidung läßt sich hinsichtlich der Weltanschauungsprovinzen der Leserschaft, nach der Werte-Typologie machen. Österreichweit hat die Kronen Zeitung den größten Anteil an jenen Lesern, die sich zum „technokratischen Mainstream" zählen (17,8%), d.h. sich ablehnend gegenüber alternativen Strömungen verhalten, auf Altbewährtes setzen, Konflikten aus dem Weg gehen, für sozialpolitische Ziele wenig Verständnis haben. Diese dürften die hauptsächlichen Adressaten von Geschichten sein, die von „Sozialschmarotzern", „kriminellen Ausländern" und Künstlern, „die nur Steuergelder verpulvern und Ruhe und Ordnung stören", handeln, die also den Stoff aufbereiten, aus dem Empörung entsteht. Die geringsten Anteile hat die Neue Kronen Zeitung bei den „alternativ Orientierten" (11,9%), den Jungen, Aufgeschlossenen, mit hohem Bildungsniveau.

Die Salzburger Leserschaft der NKZ besteht nach der Werte-Typologie aus folgenden Anteilen: „Alternative" 15,4%, „technokratischer Mainstream" 15,2%, „traditionell Wertorientierte" (pflichtbewußte Skeptiker) 12,2%, „zuversichtliche Konformisten" („es wird schon nicht so schlimm kommen") 13%, „leistungsorientierte Materialisten" (industriefreundlich, leistungsbezogen, nicht für grüne Themen zu haben) 22,2% und „naturbesorgte Traditionalisten" (konservative Grüne) 21,9%. Die Leserschaft der „Salzburger Nachrichten" setzt sich deutlich anders zusammen: „Alternative" 23,3%, „technokratischer Mainstream" 9,9%, „traditionell Wertorientierte" 18,4%, „zuversichtliche Konformisten" 16,2%, „leistungsorientierte Materialisten" 17,1% und „naturbesorgte Traditionalisten" 15%.

Ein interessantes Ergebnis zeigt noch der Bundesländervergleich. In keinem anderen Bundesland hat die „Krone" einen so hohen Anteil an alternativ orientierten Lesern wie in Salzburg und einen so niedrigen Anteil unter jenen Lesern, die sich dem technokratischen Mainstream zurechnen.

Kultur: normal

Der gemeinsame Einstellungs-Nenner, der für den Großteil der Kronen-Zeitungsgemeinde Gültigkeit besitzt, scheint in dem zu liegen, was Berthold Franke mit „Kultur der Normalität" beschreibt, die er insbesondere dem ideologischen Typ des „Kleinbürgers" zuschreibt. Sein Zuhause ist das Reich der apolitischen Normalität. In der gepflegten Privatheit von Familie, Haus und Garten, dem biedermeierlichen Idyll nachhängend als Fluchtpunkt und Schutzzone vor der immer weniger überschaubaren und ständig bedrohlicher werdenden Außenwelt, fristet er ein sich dezidiert unpolitisch gebendes Leben. Als Österreicher ist er zwar bei einer Partei – wer weiß, wofür das einmal gut sein kann –, aber sein Herz und Engagement gehören dem Verein und er ist bei deren vielen. Seine Maßstäbe der Genügsamkeit und Strebsamkeit, der Bodenständigkeit und Heimatliebe, des gesunden Volksempfindes, der Gediegenheit und verbogenen Geradlinigkeit sind universalisierte Reflexe eines überhöhten Selbstbildes, das alles Fremde als Bedrohung und Verunsicherung empfindet und rigoros ablehnt.

Die Ablehnung alles Fremden betrifft Menschen anderer Länder ebenso wie das, was Sigmund Freud das „innere Ausland" nennt und damit das Befremdende, Abgründige, Verbotene in sich selbst meint. Dieses Fremde wird als furcht- und angstauslösend empfunden, der Fremde zum Inbegriff des Bösen, Gemeinen, Häßlichen und zum Sündenbock. Die Xenophobie ist daher eine Vermeidungsstrategie, wo das Fremde abgelehnt wird, um das Eigene nicht in Frage stellen zu müssen, aber auch ein Macht- und Verteidigungsverhältnis, so als ob vom Fremden nur Zerstörung drohen könnte. (Erdheim, 1988)

In der Kunstbeflissenheit zeigen der Normalbürger und seine Frau ihr ungeschminktes Gesicht. Die wahre Kunst ist die von gestern. So hängen im Wohnzimmer des großen Kronen Zeitungs-Herausgebers zwar Werke von Klimt und Egon Schiele, von Künstlern, die zu Lebenszeit den Horizont (klein)bürgerlichen Weltverständnisses stets in Frage stellten, gegen ihn anmalten. Dies hindert die Redakteure seiner Zeitung jedoch nicht, gegen lebende Künster zu polemisieren. Künstler wie Thomas Bernhard, Claus Peymann, Alfred Hrdlicka, die den engen Horizont konventioneller Anschauungen zu überschreiten versuchen, werden zu Feindbildern aufgebaut, als Nestbeschmutzer und Stalinisten diffamiert. Gott sei Dank gibt es Otto Mühl, der den Kolumnisten der „Krone" als „Künstler" immer schon suspekt war und jetzt endlich als Triebtäter überführt werden konnte – eine nachträgliche Genugtuung und Legitimation für seine Kritiker.

Habsburg und Happy End (Modell „Sissi", Modell „Der Förster vom Silberwald") kennzeichnen den kleinbürgerlichen Mediengeschmack der österreichischen Seele. Man verehrt die verstorben Literaten, die oftmals aus den slawischen Provinzen der Monarchie stammten oder jüdischer Herkunft waren, und verspottet die lebenden als Dichterfürsten. Das Volk der Tänzer und Geiger ist auf seine alten Komponisten sehr stolz, hört ihre Musik aber kaum. Kultur ist das, was im zweiten Fernsehprogramm läuft, wenn es im ersten den Sport gibt. Geschmack, die schwer erlernbare bürgerliche Kompetenz der Differenzierung im Kulturgenuß, ist eher hinderlich. So liebt der Kleinbürger das Heimatkundliche-Folkloristische, die „Zillertaler Schürzenjäger" und das „Steinkogler Trio", sowie das Anrührend-Provinzielle, den röhrenden Hirschen und den stillen Bergsee als Schlafzimmertapete, denn es geht ihm um innere Einkehr und Erbauung. (Luger, 1990)

Aber er liebt auch das Monumental-Heroische. Das Heroische manifestiert sich etwa in den Sportidolen und charismatischen Führern, an deren Lippen man hängt, wenn sie jene Vorstellungswelt zum politischen Programm formulieren, der man selbst verhaftet ist. Ein solcher „Superman" – Umberto Eco folgend – ist der geeichte Mythos für die Bürger der nivellierten Gesellschaft, in der psychische Störungen, Enttäuschungen, Minderwertigkeitsgefühle, verborgen hinter einer glatten Fassade, an der Tagesordnung sind. In der Welt der Massengesellschaft, die den Einzelnen seiner Besonderheiten zugunsten einer förmlichen Organisationsgewalt enteignet, in einer solchen Gesellschaft muß der Held die Selbständigkeitswünsche und Machtträume, die der Durchschnittsbürger hegt aber nicht befriedigen kann, geradezu exzessiv auf sich versammeln. Die Idole laden ein zur Identifikation wie der Aussteiger-Typ auf dem „Camel"-Plakat und geben dem „Camel"-Raucher die Hoffnung, eines Tages die Fesseln seiner Mittelmäßigkeit abzustreifen, von einem Biedermann zu einem Weltbeweger zu werden. (Eco, 1987)

Im Monumentalen, in der Erhabenheit der Landschaft wie in den ewigen Werken nationaler Genialität, erlebt der Kleinbürger die Größe und den Glanz, die seiner eigenen Existenz fehlen. Grillparzer und Raimund, ja natürlich, es darf auch Schnitzler sein, aber „Die liebe Familie" im FS-Vorabendprogramm absorbiert die Menge der dramatisch Interessierten. Sein besonderes Interesse gilt der Geschichte, nicht der von 1919 bis 1945, sondern der, als Österreich noch Größe hatte, als wir noch jemand waren. Der Habsburg-Mythos hat sich in die österreichische Seele tief eingegraben und ist heute Bestandteil des psychosozialen Volksvermögens.

Man liebt auch die gefiederten und befellten Freunde und erwärmt sich für die gebändigte exotische Bestie hinter Gittern, wo sie gefahrlos bei ihren unermüdlichen Runden beobachtet werden kann. Andere Fetische des Alltagslebens sind der Schrebergarten, der Ort, an dem die Natur auf ein ordentliches, gefälliges Maß zurechtgestutzt werden darf und wo beheizte Gartenzwerge über gnadenlos gejätete Beete wachen. Der Kleinbürger ist schließlich ein Sammler, dessen Leidenschaft auch vor Bierdeckeln nicht halt macht und er kennt den italienischen Fluß mit zwei Buchstaben. So beherrscht er jedes Kreuzworträtsel, weil er die Daten und Fakten der Welt scheinbar im Griff hat und aus diesem Wissen schöpft er die Fundamente seiner Weltanschauung.

Grenzen: eng

Angesichts der Bedrohungen einer als feindlich empfundenen Welt, die uns sogar unseren Bundespräsidenten vermiesen will, ist der Rückzug in die kleine Welt angesagt. Hier, im Provinziellen, kennt man sich aus, ist man daheim, hier möchte man seinesgleichen wiedererkennen, von Fremden ungestört. Am Stammtisch, wo der Rassismus überwinterte, hört man jetzt immer deutlicher, daß „wir" längst über Europareife verfügen, aber daß die Yacht schon voll sei und „wir" helfen natürlich gerne, aber Österreich sei kein Einwanderungsland und irgendwo müsse eine Grenze gezogen werden. Schließlich geht es um die Bewahrung von Grenzen und nicht um deren Überschreitung.

Wenn schon Grenzüberschreitung, dann im Urlaub. Rund 40% der Österreicher gehen jährlich auf Reise. Zweieinhalb

Millionen fuhren ins Ausland, 13% trieb es über den nördlichen Mittelmeerbereich hinaus und etliche schlossen sich den Feldzügen der Neckermänner an, auf der Suche nach den „4 S" – Sonne, Strand, See und Sex. Längst hat die Freizeitindustrie die Verheißung des Elementaren, den kurzfristigen Ausbruch aus dem Alltäglichen, mit den Konventionen des normalen Lebens versöhnt. Der Durchschnittsmensch, die Kreuzung aus Krämer und Pirat, flieht mit den selben Mitteln, die seine Begrenzung ausmachen. Im Wohnmobil etwa, wo Wohnen, Schlafen, Essen und Waschen wie bei den bäuerlich-unzivilisierten Vorfahren in einem Raum integriert sind, können Ehekrisen, auf kleinstem Raum ausgetragen, Erlebnischarakter annehmen. Man geht mit den Annehmlichkeiten des Wohnzimmers auf Reisen, hat die gekühlte Dose Bier im Kühlschrank, aber der heimischen Realität, den Zwängen und Beziehungskisten, ist so kaum zu entkommen – Enge dominiert, Entgrenzung findet nicht statt. Der Wunsch, das Programm kurzfristig über den Haufen zu werfen und die Koketterie mit der utopischen Traumwelt – in der Hitparade der geheimen Wünsche der Österreicher steht die Südsee-Reise auf Platz Eins – bleibt ein unerfüllter Traum.

Kritik: radikal

Letztlich stellt sich die Frage, was das eigentlich für eine Gesellschaft ist, die eine solche Medienkultur hervorbringt? Diese kleine Provokation läßt noch viele Fragen offen, auch weil die Interpretationsmöglichkeiten, die Lebensstil-Untersuchungen bieten, noch bei weitem nicht ausgeschöpft sind. Die Neue Kronen Zeitung läßt sich vielleicht als Einstiegsdroge in die kleinbürgerliche Ideologie begreifen, aber Medien formen nicht nur, sie spiegeln auch zu einem guten Teil die gesellschaftliche Realität, bringen auf den Punkt, was das Volk oder zumindest ein Teil davon denkt, fühlt, befürchtet und kulturell ausdrückt. Die Hochkonjunktur der Kleinformate in diesem Land drückt die radikalste Kritik an einem Bildungssystem aus, dessen vornehmlichste Aufgabe über Jahrzehnte hinweg es gewesen sein dürfte, die Heranwachsenden in die kleinbürgerliche Internationale zu integrieren. Vielleicht als Folge davon sitzt heute noch immer der **Kleinbürger** auf der Regierungs- und Oppositionsbank, an allen Stammtischen und in Redaktionen, in Schulen und Universitäten, weil die Ideologie mobiler ist als alle Klassen der Gesellschaft. Der Kleinbürger ist ein Phänomen, mit dessen Auftauchen tatsächlich überall zu rechnen ist, der in jedem von uns steckt und seinen Stempel der gesamten Zivilisation aufgedrückt hat. So bekommt der Aufschrei der Jugendlichen, „Lieber lebendig als normal" sein zu wollen, ideologische Bedeutung und die Qualität eines politischen Programms.

Den Freigeist und Weltenbummler Mozart, dem das klerikal-bürgerliche Klima im Salzburg Colloredos so wenig zusagte, würde wohl so manche Kleingeistigkeit des Kleinformates gestört haben. Hätte er sie kaufen können, dann vermutlich nur an jenen Tagen, an denen sich der Zeitungspreis individuell mitgestalten läßt.

Bibliographie:

Eco, Umberto: Apokalyptiker und Integrierte. Zur kritischen Kritik der Massenkultur. Frankfurt 1987.

Erdheim, Mario: Zur Ethnopsychoanalyse von Exotismus und Xenophobie. In: Ders.: Die Psychoanalyse und das Unbewußte in der Kultur. Frankfurt 1988.

Fessel+GfK-Institut: Austrian Life-Style. Wien 1991.

Franke, Berthold: Die Kleinbürger. Begriff, Ideologie, Politik. Frankfurt 1988.

Geiger, Theodor: Zur Kritik der Verbürgerlichung. In: Die Arbeit 8 (1931). S 534–553.

Kohr, Leopold: Die überentwickelten Nationen. Salzburg 1983.

Luger, Kurt: Mozartkugel und Musikantenstadl. Österreichs kulturelle Identität zwischen Tourismus und Kulturindustrie. In: Medien Journal 2 (1990), S 79–96.

Die Mozart-Ordnung und der Hitler in uns
Notizen zur Errichtung einer Skulptur

Anton Thuswaldner

Eine Erfahrung in Bonn

Vor der Mozart-Aktion habe ich schon mit anderen Denkmälern gearbeitet. In Bonn habe ich das Beethoven-Denkmal mit 100.000 Meter Nylonschnur verspannt. Schon damals bin ich zum Teil mit recht agressiven Reaktionen von Menschen konfrontiert worden. Mit Greenpeace Leuten habe ich in den Bonner Forsten zwei dreißig Meter hohe Bäume gefällt. Als verchromte Baumleichen wurden sie in die Verspannung einbezogen.

In der Phase der Errichtung ließ die Ästhetik dieses glitzernden Zeltes noch so manchen wohlwollenden Kommentar von Passanten laut werden. Es gab interessierte Beobachter, gelegentlich auch Verständnislose. Nach Fertigstellung des Werkes füllte sich der Platz mehr und mehr. Unruhe kam auf, und von vorerst wenigen provozierenden Rufern aufgestachelt, begann die Masse der Menschen zu brodeln, bis schließlich geballte Aggression in Form verbaler Lynchjustiz gegen mich losbrach.

Man mußte mich polizeilich abschirmen. „Hitler hätte mit diesem Österreicher abgerechnet" – das war der Grundtenor. Und es war eine schwache Minderheit, die sich davon distanzierte.

Immer wieder wurde und wird gegen an Aktionen Beteiligte der Vorwurf der Arbeitsscheue gemacht. Meine Mitarbeiter bei der Errichtung des Projektes in Bonn und auch in Salzburg standen alle in einem festen Arbeitsverhältnis – aber einer hatte jedes Mal lange Haare.

Salzburg, September 1991 – Mozartplatz

Die Geschehnisse in Bonn waren schon sehr beunruhigend. Auch in Salzburg war ich mit sehr ähnlichem Gedankengut konfrontiert. Ebenso mühelos wie dort, brach hier aus den Menschen ihre offensichtlich nur sehr seicht begrabene nationalsozialistische Prägung heraus. Doch bedurfte es hier nicht der Stimulation durch die Masse. Die Angriffe waren und blieben persönlich und gezielt gegen mich und meine Helfer gerichtet – hysterisch keifend, abwertend überheblich oder einfach nur beleidigend – niemals jedoch diskussionsbereit oder hinterfragend.

Den betreffenden Leuten war es gar nicht wichtig, was wir hier machten. Es ging auch nicht um Mozart oder um Salzburg, geschweige denn um Kunst und Kultur. Es war genug, daß wir auffielen und die Menschen verunsicherten, um zur Antenne für Aggression und Haß zu werden. Hitler ist immer gut, wenn aufgeräumt werden soll. Ich war erschüttert, seinen Namen aus dem Mund von Leuten zu hören, deren Generation so viel Leid durch ihn erfahren hat.

Der Umgang mit dem, der stört:

Ein Mann mittleren Alters mit Aktentasche kam auf mich zu: „Sie sind der, der das da macht? Sie, Sie werden hören

Projekt zur Einschachtelung
des Mozartdenkmals mit
Einkaufswägen

Bauvorstellungsgerüst
Erforderliche Einkaufswägen
ca. 500-600

Fa. Wanzl: Wald...
Metallwarenfabrik
...m.b.H. der
Vertriebs KG
Deutschstr. 12
1222 Wien
Tel: 0222/6125 46

von mir! Das kann ich Ihnen versichern!" Und auf meine Frage, wer er bitte sei, von wem ich hören werde: „Das werden's schon hören und sehen!"

Ein Redakteur einer österreichischen Tageszeitung mischt sich unauffällig in die Menge der Passanten und fordert diese heraus: „Na, was halten Sie jetzt von diesem Dreck?"

Eine Reiseleiterin einer italienischen Touristengruppe erzählt mir euphorisch, daß ihre Landsleute durchwegs begeistert seien.

Ein junger Mann, schön und teuer angezogen, korrekter Haarschnitt: „So, und jetzt erklär mal. Erklär mal den Dreck, den Du da machst. Erklär mal." Ich war ihm niemals zuvor begegnet und hatte ihm auch nie das Du-Wort angeboten. Und auf meine bereitwillige Erklärung dann: „Ach, macht's diesen Dreck doch in euren Kellern, wo's niemand sieht. Aber das ist eine Frechheit von Dir. Das sag ich Dir."

Zwei Amerikaner, die mir ihre Begeisterung über diese Aktion mitteilen, sind über diese Reaktion gleichermaßen entsetzt. Auf ihren Einspruch hin werden sie von dem jungen, dynamischen Finger durchbohrt und haben sich da raus zu halten – Amis!

Ein älterer Herr, Arm in Arm mit einer Frau: „Wenn man Sie ansieht, weiß man eigentlich schon alles. Sie sehen aus wie ein Affe, aber wahrscheinlich schauen Sie sich nie in den Spiegel."

Diese negativen Meldungen waren laut, spektakulär, sie waren für mich beängstigend und vor allem zermürbend für meine fleißigen Mitarbeiter. Aber prozentuell gesehen überwogen im Grunde die positiven Reaktionen bei weitem. Nur waren sie eben nicht so gut für Schlagzeilen geeignet. In solchen Augenblicken erschien mir die Zeichnung der Salzburger Situation durch Thomas Bernhard vergleichsweise harmlos.

Freiheitsentzug und andere Salzburger Aktionen

Meine erste Aktion zur geistig kulturellen Lage in Salzburg habe ich vor zirka 20 Jahren veranstaltet. Es handelte sich dabei um eine Ausstellung von Freiheitsentzugsobjekten, Kerkertüren. Es waren Türen mit verschiedenem Symbolgehalt, aber immer das Thema beinhaltend, daß sie irgendwo, irgendjemandem den Weg in die Freiheit nehmen, abschneiden, verwehren. Die Ausstellung fand in St. Johann im Pongau statt.

Michael Moslechner und Robert Stadler[1] haben St. Johann als erste österreichische Gemeinde angeführt, in der den Bewohnern empfohlen wurde, nicht mehr in jüdischen Geschäften einzukaufen, nicht mehr in Hotels zu übernachten, die Juden gehören etc. (1923 beschloß der Gemeinderat, nur mehr arische Gäste aufzunehmen.)

Die Objekte wurden im Schulhof eines Gymnasiums aufgestellt. Ursprünglich war geplant, diese Ausstellung anschließend in mehreren Städten zu zeigen. Dazu kam es jedoch nicht mehr. Sondern stattdessen zu einer sehr interessanten Geschichte: Als wir die Türen aufstellten, halfen mir Schüler und Professoren dabei, und es entstanden sehr interessante Diskussionen. Doch dann, zur angesetzten Stunde der Ausstellungseröffnung fanden sich nur mehr meine engsten Freunde ein, sechs oder sieben Leute insgesamt. Am Tag danach bot sich auf dem Schulhof ein Bild der Zerstörung. Meine Türen waren zertrümmert, mit Hakenkreuzen beschmiert. Zum Teil waren es Stahlobjekte gewesen. Jemand mußte in der Nacht mit einem Raupenfahrzeug darübergefahren sein. Ein Täter wurde nie ausfindig gemacht. Eine bittere Erfahrung.

Eine andere Aktion in der Stadt Salzburg selbst folgte: Wie

---

[1] Moslechner, Michael/Stadler, Robert: „St. Johann 1938–45 – Das nationalsozialistische Markt-Pongau", Exkurs Seite 30–31: Antisemitismus als Element der NS-Ideologie

jedes Jahr beobachtete ich die vielen Menschen, wie sie Geld in die Getreidegasse hineintragen und mit Geschenkspaketen herauskommen, die sie dann jemandem geben müssen, der ohnehin schon alles hat. Um diese Sinnlosigkeit aufzuzeigen, habe ich mir einen Saatschurz umgehängt und bin Getreide und Hafer säend durch die Getreidegasse gegangen. Tauben hinter mir haben die Körner wieder aufgefressen. Schon nach kurzer Zeit wurde ich von einem Polizisten wegen Verunreinigung der Stadt auf das Revier abgeführt. Ein Vertreter der Kulturabteilung des Magistrates mußte mich wieder auslösen. Keine weiteren Diskussionen. Die Aktion wurde fotografiert und dokumentiert.

Warum ich solche Aktionen mache?

Wenn ich meine Bilder in einer Galerie ausstelle, sieht man sich bei der Eröffnung, trinkt ein Glas Wein, aber es kommt dabei zu keiner wirklichen Berührung zwischen dem Beschauer und meinen Anliegen. Wenn ich diese Mozartaktion zum Beispiel in einer Galerie ausstelle, dann passiert nichts. Vor Ort jedoch müssen die Leute Stellung beziehen. Ich habe es versucht, ein Projekt einmal auszustellen, unter dem Titel „Auch Österreich braucht einen Viertausender". Das Projekt bestand darin, daß ich vom Modell des Großglockners die Spitze abgeschremmt habe und eine 200 Meter Spitze aus Chrom-Nickel darauf gesetzt habe. Unbesteigbar! Das einzige Echo bestand in der Politikerreaktion, so etwas sei zu teuer.

Die Bedeutung von Denkmälern

Denkmäler scheinen in unserer Kultur eine zentrale Rolle zu spielen. Sie sind Symbole, aber nicht für die Person, die sie darstellen. Denn was verbindet diese Mozartstatue in der Salzburger Altstadt mit dem wirklichen Mozart? Er war keine solche heroische äußere Erscheinung, er selbst war nicht glücklich in Salzburg und dort damals auch nicht willkommen. Mozart

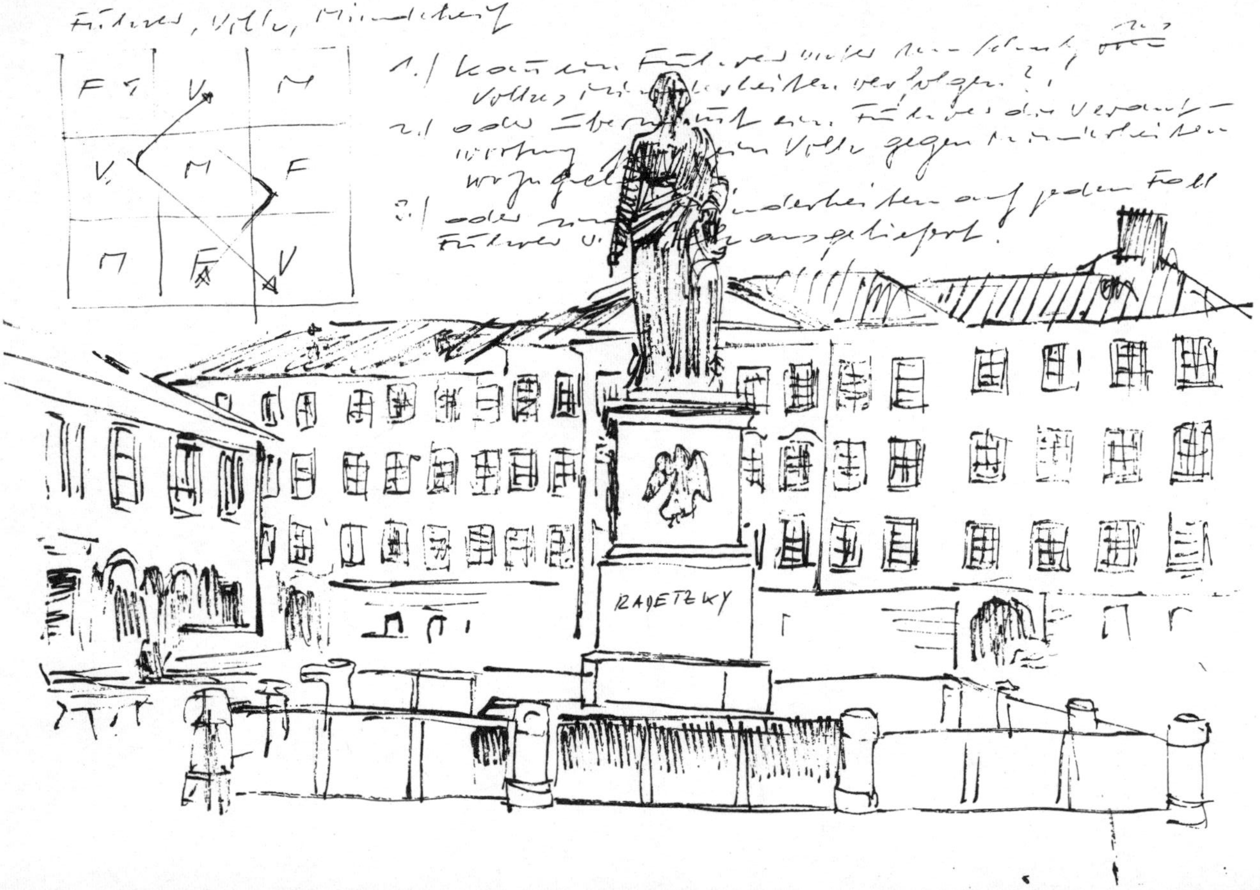
Führer, Volk, Minderheit
RADETZKY

hat sich mit seiner Musik sein Denkmal selbst gesetzt. Die wahre Mozartverehrung, das wahre Mozartverständnis kann also nicht an dieses Denkmal gebunden sein. Somit dürfte es seine Existenz darin rechtfertigen, eben als Alibi für Kulturlosigkeit zu dienen. Ich glaube, daß meine Aktion erfolgreich gewesen ist, weil die entfachte Diskussion diese Pseudoverehrung entlarvt hat.

Aus der Verlegenheit und dem Ärger über diese Demaskierung heraus entstanden dann meiner Meinung nach die persönlichen Angriffe gegen mich bzw. meine Mitarbeiter. Und Kritikern (= Störenfrieden) wird man in totalitären Regimen rasch und mühelos Herr. So ist wohl die Anrufung Hitlers entstanden.

Vom Denkmal zur Skulptur

Meine Auseinandersetzung mit dem Thema Denkmal geht schon bis in meine Kindheit zurück. Ich erinnere mich, daß wir zu meiner Hauptschulzeit in Kötschach Mauten an bestimmten Tagen zu den sieben Heldenfriedhöfen auf den Plöckenpaß hinaufsteigen mußten, wo auf den Grabmälern pathetische Sprüche wie „Für Gott, Kaiser und Vaterland" zu lesen waren. Schon damals haben diese Ideale Zweifel in mir hervorgerufen, schon damals haderte ich mit dem Begriff des Helden. Wenn ich dann später in meiner Jugend ein sogenanntes Denkmal betrachtete, dann standen natürlich die künstlerischen Kriterien der Ausführung aber auch der Aussage im Vordergrund. Für die Betrachtungsweise waren für mich in meiner Jugend die Bilder des Egger Lienz sehr prägend. Als Kinder konnten wir sie im Schloß Bruck bei Lienz bewundern. Meine Mutter war es, die uns dort hin führte, und ich kann mich sehr gut erinnern, wie beeindruckt sie selbst von diesen Bildern immer wieder war.

Zuhause besaß mein Vater eine sehr umfassende Bibliothek, in der ich schon früh mit Bildhauern der Renaissance

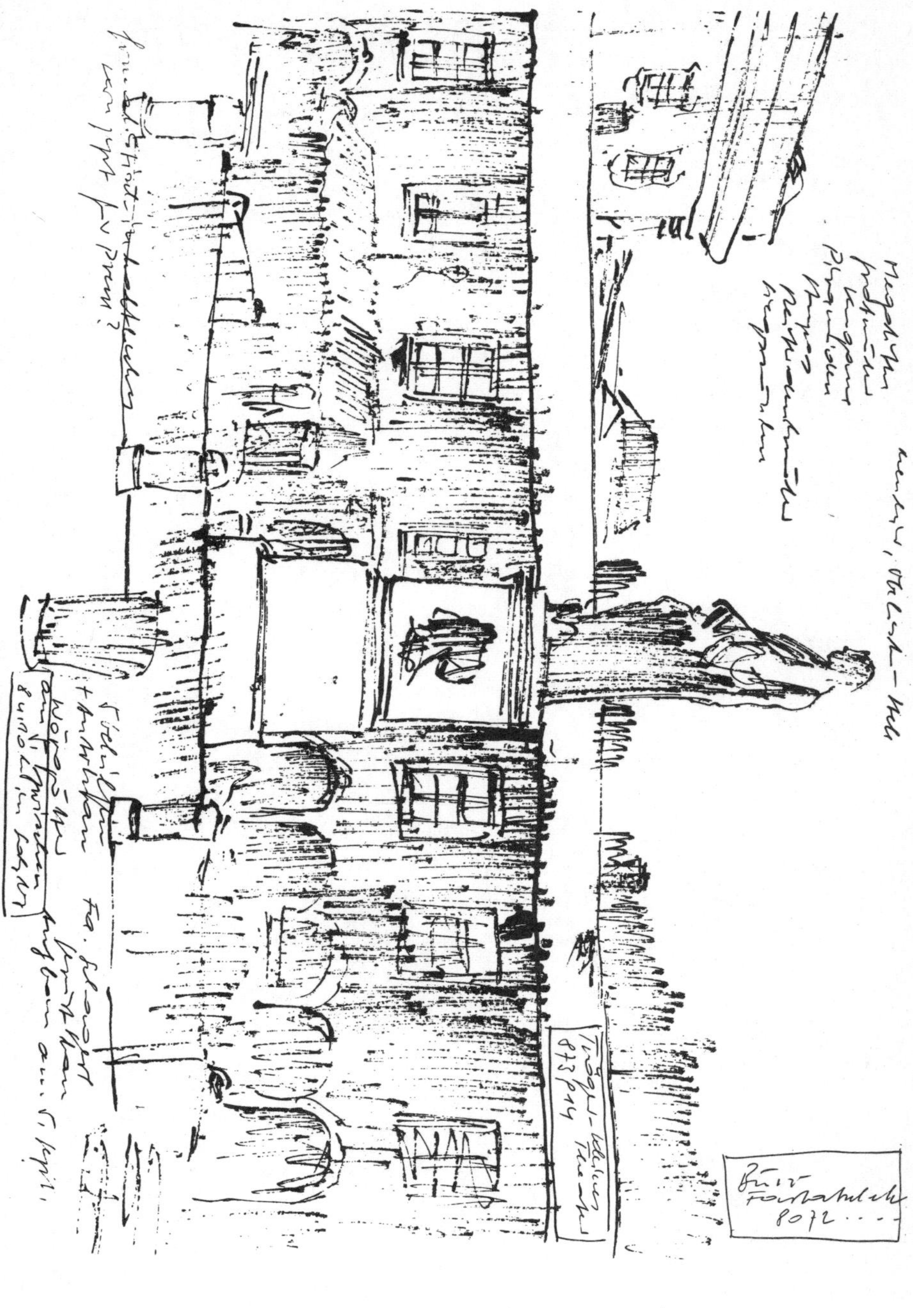

und der Antike Bekanntschaft machte. Auf diese Art ist in mir der Wunsch entstanden, Bildhauer zu werden. Damals wollte ich Denkmäler machen.

Von dieser Idee besessen, kam ich zuerst in die Bildhauerschule nach Hallein. Nachdem diese aufgrund von Kohlenmangel zu Kriegsende geschlossen werden mußte, blieb ich drei Jahre lang bei Adelhart in Hallein, kehrte dann für vier weitere Jahre in die Bildhauerschule zurück und war zuletzt noch zwei Jahre lang Schüler des Tierplastikers Fritz Behn. Er war als Lehrer sehr wichtig in meinem Leben. Er verstand es, zu führen, ohne dabei eine Persönlichkeit zu brechen. Nach diesen zwei Jahren fand er, daß ich nun meinen eigenen Weg zu gehen habe. Ich blieb dann in meiner bildhauerischen Arbeit selbständig und lehnte ein Angebot von Thorak ab, für den ich den Fischer von Erlach ausführen, das heißt eigentlich nur ein Gipsmodell kopieren und umsetzen sollte, das mir zudem falsch proportioniert und in seiner Aussage nicht vertretbar erschien.

Doch auch später haben Denkmäler in mir weitergearbeitet. Letztendlich habe ich das Denkmal nun eingerüstet, als einen Protest gegen sich selbst. Dem Denkmal wollte ich den Begriff der Skulptur entgegensetzen, und habe in das architektonische Salzburger Ambiente dieses Platzes und der Kirchen eine vollkommen konträre Skulptur eingefügt, noch dazu eine Skulptur aus Einkaufswagen. Eine Skulptur, die in sich geschlossen ist, erhebt nur den Anspruch auf Ästhetik.

Last des Widerspruchs
Selbstbedrohung durch Dissidenz in der massenmedialen Kronen-Demokratie

Hans-Peter Wick

Donnerstag, 12.9.1991, 18.30 Uhr. Um das Mozartdenkmal haben sich zahlreiche von der Kampagne der Kronen Zeitung Betroffene und noch mehr sich betroffen Fühlende versammelt. Ihr Ziel ist es, dem Abbau des „Wagerl-Haufens" Widerstand zu leisten, so weit dies auf friedliche Art möglich ist. Die Szenerie ist bunt gemischt, nach und nach werden auch immer mehr Passanten in Diskussionen involviert.

Was bedeutet es für Menschen, wenn sie und ihr Berufsstand von der größten Tageszeitung zum Teil sehr persönlich angegriffen werden und sich ständig im Zentrum einer Berichterstattung finden, welche laut Herausgeber niemals gegen die Mehrheit gerichtet ist? (vgl. Bruck 1991, S. 42) Eine solche Blattlinie schließt eine objektive Berichterstattung aus, das in den meisten Fällen personifizierte oder institutionalisierte Ziel einer Buchstabenattacke wird den Lesern so präsentiert, wie es die Umstände und die öffentliche Meinung erlauben.

Im September des Jahres war es der Berufsstand der Künstler, welcher in die Schußlinie einer Kampagne kam. Der Protest, mit welchem die Betroffenen der empörten Berichterstattung begegneten, bestach vor allem durch spontane Solidarität. Künstler der Hoch- und Kleinkultur sowie zahlreiche

Einzelpersonen reagierten mit Inseratenkampagnen, für welche sie später zum Teil verfolgt und kriminalisiert wurden. Mehr als 300 Personen ergriffen die Initiative, für manche hatte dies einige Folgen. Denn der Übermacht dieser Tageszeitung entgegenzutreten ist mit Risiko verbunden. Der Erfolg der Aktion lag jedoch nicht nur im offiziellen Protest, sondern vor allem auch in jenem Gefühl, gemeinsam (als Berufsstand) gegen diffamierende Attacken aufgetreten zu sein.

In der Folge kommt der Hauptbetroffene zu Wort. Im Mittelpunkt des Interesses steht hier die Frage, was es heißt, in das Zentrum einer Negativkampagne gezogen zu werden, ohne die Möglichkeit zu haben, sich adäquat präsentieren zu können. Kronen Zeitungs-Kampagnen sind schnell gestartet – Wirkung und Konsequenzen sind langfristig, Ursachen und Betroffenheit jedoch zu einem späteren Zeitpunkt oft kaum mehr nachvollziehbar.

Herbert Fartacek, Bürgermeister-Stellvertreter

Anläßlich der ‚Wagerlaktion' um das Mozartdenkmal wurden Sie von der Kronen Zeitung sehr stark angegriffen. Was bedeutet das für einen Kultur- bzw. Lokalpolitiker und welche beruflichen und persönlichen Konsequenzen bringt dies mit sich?

H.F.: Persönlich unterscheidet man zwei Ebenen: Die sachliche, auf der es unterschiedliche Meinungen gibt; hier rechnet man mit Kritik, auch daß es ablehnende Meinungen gibt. Das ist eine Ebene, die in der Politik eigentlich bekannt ist, ein Dafür und ein Dagegen. Es gibt eine zweite Ebene, daß ist die der Mittel: Wie wird diese Auseinandersetzung geführt? Auf dieser Ebene ist die Kronen Zeitung in der Medienszene bekannt für eher anspruchslose Kritik, die eher bei niederen Instinkten ansetzt, und sich nicht so sehr mit komplexen Zusammenhängen auseinandersetzt. In Salzburg wird nun schon seit geraumer Zeit seitens der Kronen Zeitung diese Auseinandersetzung kampagnenartig geführt – kampagnenartig, indem ganz bewußt über Begriffe, Verzerrungen und der wiederholt falschen Darlegung von Tatsachen versucht wird, ein durchgängig schlechtes Bild zu zeichnen. Und diese Kampagnen ärgern einen zuerst, und machen einen dann vorsichtig, weil man einfach nicht zur Kenntnis nehmen kann, daß solche Entwicklungen zu Tatsachen gestempelt werden.

Die Berichterstattung bezog sich nicht nur auf das Mozartdenkmal. Neue Kultureinrichtungen und deren Vertreter wurden wiederholt negativ dargestellt.

H.F.: Die Berichterstattung der Kronen Zeitung hat sich sicher in falscher Einschätzung kultureller Notwendigkeiten verlaufen. Es läßt sich eigentlich ganz gut verdeutlichen, was Kampagnen kennzeichnet. Eine Reihe von Leuten finden sich, die gegen etwas sind. Man nimmt diese Opposition, die sachlich noch gerechtfertigt ist, verbindet sie mit anderen Argumenten und stempelt quasi damit eine ganze Kulturpolitik ab. Man kann wieder an Dinge appelieren, die im Zusammenhang mit dieser Aktion in keinster Weise in Verbindung zu bringen wären oder man führt sie an, spricht sie jedoch nie direkt aus. Und stylt das Ganze auch noch so, als wäre es objektive freie Berichterstattung.

Wie haben Sie auf die Kampagne reagiert?

H.F.: Ich habe noch am 7. September, das war der Samstag, am Mozartplatz die direkten Diskussionen erlebt. Diese waren sehr interessant; die Für und Wider waren sehr lautstark. Aber es war noch eine Auseinandersetzung, wie man sie sich eigentlich wünscht, daß man sagt, was ist denn das, wozu brauchen wir denn das, von „sinnlos" bis „endlich passiert es einmal". In Salzburg darf man im Mozartjahr die Meinungen auch einmal kritischer betrachten. Alle Meinungen habe ich gehört. Ich bin dann am 8. September in den Urlaub gefahren und habe bei einem routinemäßigen Anruf gefragt, ob es was Neues gäbe. Dabei habe ich erfahren, daß in Salzburg die Hölle los wäre. Das Mozartdenkmal kann nicht der Grund sein, dachte ich. Ich habe eher darüber gelächelt. Ich habe dann ganz bewußt Pausen eingelegt, was Informationen anbelangt. Ich habe nach einer Woche erfahren, daß doch viele Initiativen und Auseinandersetzungen um das Denkmal stattgefunfen haben und eigentlich eine Trendwende bemerkbar geworden ist.

Die Veranstalter, Spot, sind ja von ihrem Standpunkt, erst am Sonntag das Denkmal abzurüsten, abgewichen. Warum ist diesem Druck nachgegeben worden?

H.F.: Der Bürgermeister hat in dieser Stadt eine ausgleichende Funktion, d.h. er soll mit allen Gruppen irgendwie auf einen Nenner kommen. Und ganz gleich wo er sich hinwendet, es wird ihm verübelt. Ich glaube, daß ein Mangel darin bestand, daß die SPÖ-Fraktion sich stärker zu Wort melden hätte müssen. Aufgrund ihrer programmatischen Vorstellungen hätte diese Partei klar deklarien müssen, daß in Relation zu all dem, was es an traditionellen Angeboten in dieser Stadt gibt, es ein Faktum ist, daß auch kritische Ansätze da sein müssen. Gerade die einfachen Mittel mit denen hier beim Mozartdenkmal die Vermarktung Mozarts kritisch dargestellt wurde, haben den Zugang nicht erschwert. Ich sage ja nichts, wenn sehr schwierige gedankliche Prozesse notwendig gewesen wären um dies zu begreifen. Es war ja eine ganz einfache Darstellung, welche für eine Woche mit geringem Aufwand und ohne direkte Veränderung gemacht wurde. Man wußte, es wird nach einer Woche abgebaut und der liebe Mozart steht in ursprünglicher Pracht wieder da. Ich könnte ja lächeln, daß sich Leute wegen einer Woche Einkaufswagerln aufregen.

Welche Informationen haben sie während der Kampagne an die Kronen Zeitung gegeben?

H.F.: Die Kronen Zeitung recherchiert bei mir schon seit einem Jahr nicht mehr. Ich schicke ihr immer Informationen zu; mit keinem Erfolg bezüglich einer sachlichen Auseinandersetzung. Meines Wissens nach hat H.P. Hasenöhrl auch nicht bei Spot, dem eigentlichen Veranstalter, recherchiert. Ich habe auch ein Schreiben des Chefredakteurs, in dem er mir mitteilt, daß speziell bei allen Kommentaren nie Recherchen durchgeführt, sondern diese ganz eigenständig verfaßt werden.

Künstler wurden im Lauf der Kampagne als Randgruppe stilisiert und dargestellt. Wie können Kulturschaffenden sich adäquat deklarieren?

H.F.: Ich ordne mich gerne dieser „Randgruppe" zu und fühle mich dort sehr wohl und freue mich, daß all das, was man Kulturschaffenden unterstellt eben nicht stattfindet. Das ist ein sehr angenehmes Gefühl, das hat man nicht immer in der Politik. Man spricht viel über Solidarität, über Freundschaft und all das, was so wohl klingt. In solchen Situationen ist es gut, wenn es gelebt wird und wenn man merkt, daß es das tatsächlich gibt.

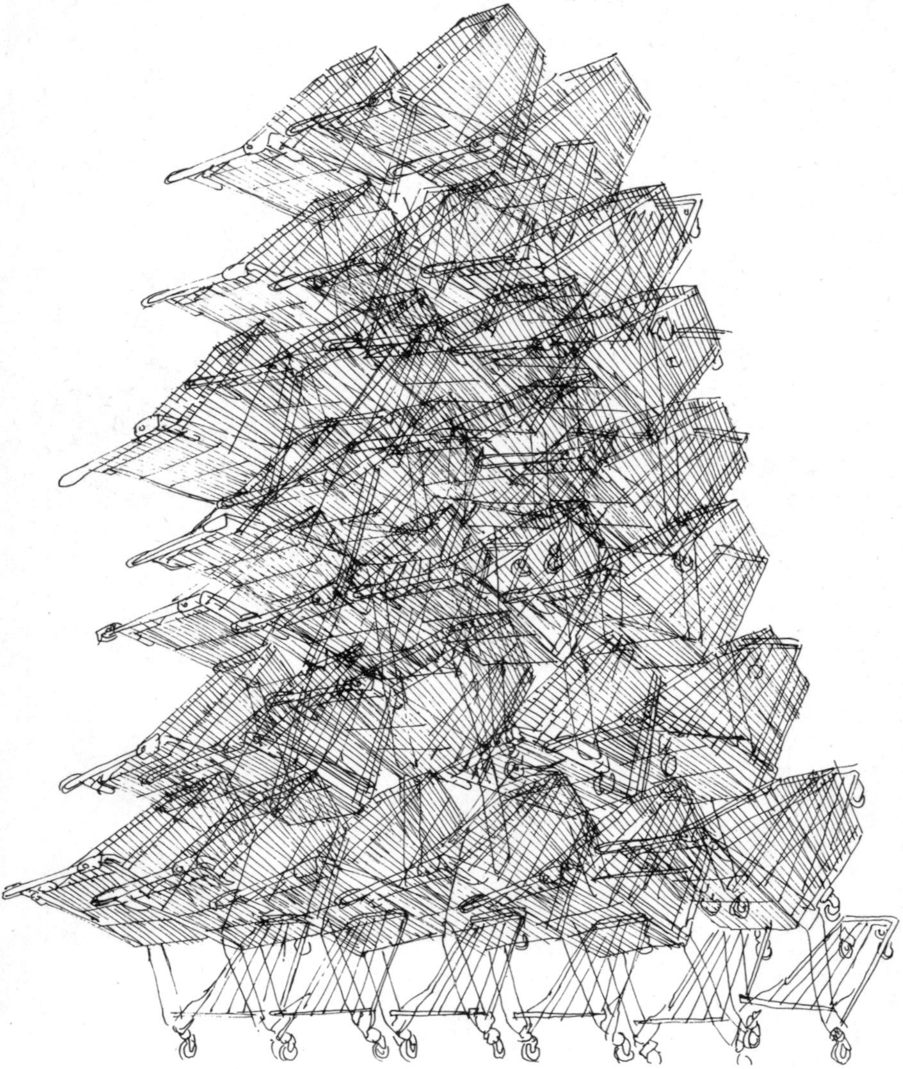

In Salzburg ist ein schrecklicher „Krieg" gewesen – im Ernst – ich hab's in einer „Zeitung" gelesen!

Walter Müller

Vorspiel: Das TV-Programmelement

Zwischen dem 9. März 1989 und dem 6. September 1991 schrieb und gestaltete ich für die lokale ORF-Fernsehsendung *„SALZBURG HEUTE"* 99 Wochensatiren – also satirische TV-Beiträge zum Wochengeschehen in Stadt und Land Salzburg. Die Satiren waren jeweils so um die drei Minuten lang; gesendet wurden sie immer am Freitag, unmittelbar vor Sepp Forchers Wandertip und der Wettershow zum Wochenende. Die meisten Satiren waren als Lied, Couplet oder Song konzipiert und wurden mit aktuellen Reportagebildern der Woche videoclip-mäßig gebaut. Das Original-Material wurde – wenn es die Dramaturgie erforderte – durch zusätzlich gedrehte kleine Spielszenen und Aktionen ergänzt. Manchmal kamen auch diverse, meist selbst gebastelte Requisiten zum Einsatz.

Für eine Mozart-Vermarktungssatire (Sommer 1990) klebte ich zum Beispiel einen Teil meines Eß- und Trinkgeschirres mit Mozart-Etiketten voll, ebenso zwei meiner besten Unterhosen. Inzwischen gibt es, wie ein Mozart-Wissenschafter unlängst in eine Fernsehkamera erzählte, allen Ernstes bereits den Mozart-Büstenhalter, der beim Aufhaken eine Melodie aus der „Zauberflöte" erklingen läßt. Für die erwähnte Satire bastelte ich auch eine Mozart-Präservativ-Schachtel („Mozart – äh, pardon – zum Schützen!") mit der Aufschrift „Mozarts PARISER ..." und auf der Rückseite „...Symphonie". Klar, daß es inzwischen echte Mozart-Präservative gibt. Mozart ist ziemlich schutzlos in diesem Jubeljahr ... und überhaupt. Die Themen der Woche bestimmten natürlich auch die Themen der Satire – und die reichten von Politiker-Rücktritten, Wirtschafts- und Umwelt-Skandalen, seltsamen erzbischöflichen Sondermeldungen (etwa zur Bedeutung der Popmusik) bis hin zu den regionalen und regionalsten Possen und Hanswurstiaden. Manche Szenen sind nur mehr durch die Verwendung von polit-farblich entsprechend gekleideten Kasperltheaterfiguren oder die interview-mäßige Einbeziehung von diversem Getier aus den Salzburger Tiergärten glaubhaft zu illustrieren.

1. Akt – Abschied von der Wochensatire

Für Freitag, den 13. September 1991, steht also die 100. Wochensatire an, und ich denke, es ist die letzte, zumindest für längere Zeit. Ich habe mir einen kleinen Rückblick vorgenommen, will Bilanz ziehen, will ein paar Ereignisse Revue passieren lassen. Ich habe mir schon ein Lied zurechtgetextet, auf Frank Sinatras „My Way"-Melodie. Ich will melancholisch aussteigen – man wird auch melancholisch, wenn man immer wieder, Woche für Woche, mitansehen muß, wie die Wirklichkeit die Satire überrollt. Ich möchte ein paar von den „Hoppalas" in diese letzte Wochensatire bildmäßig einbauen und ein paar der ausgefallensten Requisiten noch einmal mitspielen lassen. Ich werde die Kasperltheaterfiguren, den Gorillafuß (aus der WEB-Dschungel-Satire), den selbstgebastelten Pappendeckel-Autobus (Salzburger Innenstadt-Sperre) und meine Mozart-Unterhosen in einen alten Koffer packen und damit langsam aus dem Bild gehen. Zuvor zeige ich noch einmal, wie mich in der pfützenreichen Schwimmschulstraße ein Auto von oben bis unten naßspritzt. Oder ich zeige diese nicht gezeigte Szene aus der Mozart-Vermarktungssatire, wo ich mir an einer mit einer kleinen Sprengkapsel gestopften „Idomeneo"-Zigarre die Finger verbrenne. Ich sage gerade „Ah, eine Mozart-Zigarre und da – ein Mozart-Feuerzeug!" Und während ich an der Zigarre ziehe, hört man aus dem Off eine Stimme: „Warnung des Gesundheitsministers – Mozart kann Ihrer Gesundheit schaden!" Dann explodiert die Zigarrenspitze, es sprühen ein paar Funken, es gibt einen Knall, der dann am Schnittplatz beim Fertigstellen des Beitrages durch ein Pistolenschuß-Geräusch verstärkt wird. Außerdem läuft die Szene mit der Explosion in Zeitlupe, sodaß man das Aufreißen der Tabakfasern ganz gut sehen kann. Das alles will ich also noch einmal zeigen, (vorläufig) abschiednehmend von der Wochensatire. Alles ist vorbereitet, ich kann die „My Way"-Musik auf dem Keyboard soweit spielen, daß wir das Lied im Tonstudio aufnehmen könnten ... da kommt mir Mozart in die Quere. Oder besser: die Sache mit den Einkaufswagerln. Oder noch besser: die Sache mit der Kronen Zeitung.

2 Akt – „Ich denk, wieso ist Krieg?"

Am Samstag, den 7. September, sehe ich die bizarre Einkaufswagerl-Landschaft rund um das Mozart-Denkmal zum ersten Mal. Die Sonne scheint auf das Chrom-Gestänge, das in allen Farben zu funkeln beginnt, und ich finde das wunderschön. Der Ober in meinem Kaffeehaus schüttelt den Kopf und meint, das gäbe wohl ein saftiges Thema für meine Wochensatire. Ich schüttle den Kopf und verweise auf meine Ideen zur Abschiedssatire, melancholisch und so ... Rückblick und so ... Daß sich Menschen über die Einkaufswagen-Aktion empören, empört mich überhaupt nicht. Doch soviel diskutiert, so viel geredet wurde schon lange nicht mehr. Die Meinungen der Kellner und Kellnerinnen im „Glockenspiel" sind bunt gestreut;

es gibt viele gute Argumente, es gibt viele Emotionen. Das ist schon in Ordnung, und die Sache verträgt diese Diskussionen. Es gibt keine bessere Beobachterposition in diesen Tagen als den Schanigarten des Café Glockenspiel. Ich bin eigentlich gar nicht als Beobachter da. Ich sitze jeden Vormittag hier, so lang ich Zeit habe, die Kellnerinnen und Kellner können das bestätigen. Es stehen mehr Menschen um das Denkmal herum als sonst. Manche Fremdenführer lotsen ihre Touristengruppe rascher als üblich am Denkmal vorbei. Man hört Wörter wie „Verrückter", „Skandal". Das ist alles noch kein Skandal. Touristen erkundigen sich bei den Kellnerinnen und Kellnern nach der Idee und dem Sinn dieser Einkaufswagen-Aktion. Es gibt spöttische und es gibt ernsthafte Antworten. Das ist alles in Ordnung. Außerdem ist der Getränke- und Kuchenumsatz an den Einkaufswagerl-Tagen gut wie kaum zuvor. Es ist ein bißchen Bewegung in der Altstadt, es gibt ein bißchen Aufregung, das ist alles in Ordnung.

Im Fernsehen sieht man die ersten Bilder, hört man die ersten Kommentare. Die Einkaufswagerl-Landschaft ist auch am Bildschirm noch wunderschön, die Meinungen der Befragten sind höchst unterschiedlich. Ein ziemlich aufgeregt wirkender Salzburger schreit mit heftigen Gebärden auf die Kamera zu: „Stimmt schon, Mozart ist vermarktet worden, auch auf Nachtscherben. Aber das da ist ärger als das, was in den Nachtscherben drinnen ist!" Ich amüsiere mich und überlege, ob ich für meine Abschiedssatire eventuell auch eine kleine Szene verwenden soll, in der ich mit dem Rücken zur Kamera, ganz in Schwarz gekleidet, auf dem neuen Traklsteg stehe, nachdenklich in die Salzach schaue und mich dann mit einem kleinen technischen Trick in Luft auflöse. Die Einkaufswagerl-Geschichte interessiert mich nur mehr als Privatperson.

Dann kommt der 10. September 1991. Und mit ihm die Kriegserklärung in der Kronen Zeitung. Auf dem Titelblatt, über dem Einkaufswagerl-Foto, in riesigen Lettern „In Salzburg tobt ‚Krieg' um Mozart". Auf Seite 6 – „Krieg" um verschandelten Mozart! Im Lokalteil zwei ganz gemeine, gehässige, wütende Seiten mit im höchsten Grad einseitigen Berichten („Die Ablehnung ist einhellig"), einer entlarvenden Glosse des Salzburg-Chefredakteurs mit dem Titel „Weg damit!" und einem unmenschlichen Tages-Gedicht, in dem der (wie auch immer ge- oder mißlungene) Versuch, jugendlichen Randgruppen eine Lebensbasis in der Stadt Salzburg zu verschaffen, als „Gesindelförderungsprojekt" bezeichnet wird.

Ich bin wütend. Am meisten empört mich die Sache mit dem „Krieg". Wir sind ja mitten im Krieg, mitten in Kriegen. Gerade in diesem Jahr, von dem man gedacht hatte, es könnte das erste Friedensjahr seit langem werden. Da war der Irak-Krieg, da ist der Jugoslawien-Krieg. Die Schlagzeile mit dem „Krieg", der da „tobt", bringt mich durcheinander. Und diese ganze wahnwitzig aufgeblasene Berichterstattung. Was ist da passiert? Ist das wirklich eine Kriegserklärung durch eine Zeitung? In der erwähnten „Weg damit!"-Glosse ist ja auch zu lesen gewesen: „Es ist schön, den Start der Herbstoffensive mit einer Feldmesse auf dem Salzburger Hausberg zu beginnen."

Herbstoffensive gegen wen oder was? Gut, gegen Vizebürgermeister Fartacek – das hat sich ja lange schon abgezeichnet. Das journalistische Hetzjagdspiel war ja ziemlich erfolgreich. Den Fartacek muß man nur lang genug als Punker-Freund bezeichnen oder als Frühpensionsberechtigten (sind es die anderen Politiker in vergleichbarer Funktion nicht?) oder als maßlosen Förderer von Flamenco-Tänzerinnen. Da bleibt schon was hängen, das schürt den Zorn der Bürger. Man muß nur hartnäckig und ohne Zusammenhang darauf hinweisen. Ich weiß das, ich kenne das. Ich habe in den siebziger Jahren bei einer Salzburger Zeitung gearbeitet, in der immer wieder, wenn vom Zukunftsforscher Robert Jungk die Rede war, über den „Zukunftsforscher" Robert Jungk (alias Baum) geschrieben wurde. Immer wieder Robert Jungk (alias Baum), um ihn zu diffamieren. Ich kenne das, ich habe mich damals genung geschämt für diese geschmacklose, diffuse Emotionen schürende Schreibweise. Ich denke mir: die müssen sich doch auch schämen, die „Krone"-Mitarbeiter. Oder wenigstens einige davon. Ich kenne doch ein paar. Ich mag doch ein paar. Oder eigentlich viele von ihnen. Die sind doch sonst nicht so! Die können sich doch so etwas nicht gefallen lassen! Das sind doch wunderbare Menschen! Die schreiben doch mit dem Herzen! Was – um Himmels willen – ist da im Gange?

Ich rufe einfach an, ziemlich aufgeregt, weil ich nichts mehr verstehe, weil ich eigentlich meine Abschiedssatire fertigstellen sollte. Aber inzwischen ahne ich, daß ich an diesem Ereignis nicht mehr vorbeikomme, daß ich mich nicht mit einer melancholischen Geschichte über Belanglosigkeiten aus dem Staub machen kann. Ich rufe an und erwische einen Freund, der dort arbeitet. Ich entschuldige mich, weil ich so aufgeregt bin und erkläre ihm meinen Zustand. Er sagt, er kann mich durchaus verstehen, auch er habe Schwierigkeiten mit der ganzen Sache. Ich verstehe auch, daß man nicht einfach den Aufstand probt, wenn man mitten drin steckt. Ich erinnere mich, wie sinnlos unsere Proteste damals waren, als zum x-ten Male in unserer Zeitung zu lesen stand Robert Jungk (alias Baum) ... und „Zukunftsforscher" unter Anführungszeichen. Ich entschuldige mich ... warum hab ich auch angerufen! Was hab ich erwartet? In meinem Notizbuch steht jetzt „In Salzburg ist ein schrecklicher Krieg gewesen – ich hab's in einer schrecklichen Zeitung gelesen!" Das „schrecklichen" bei „Zeitung" streiche ich durch. Dafür setze ich Krieg unter Anführungszeichen ... und auch Zeitung. „Die Punker warn's, vom Punkerhaus – des schaut ma so verdächtig aus! Die Punker ham an Anfall kriagt und ham den Mozart massakriert ..." Als Erstes fällt mir das Lied von Wolfgang Ambros ein, über den „Hofa", der an allem schuld ist. In der nächsten Zeile in meinem Notizbuch steht: „Seit Samstag wirrrd zurrrrückgekugelt!" Ich beschäftige mich mit der Kriegserklärung und suche nach geeigneten Reaktionen! Am Anfang denke ich mir: ich lasse meine ganze Wut raus, ohne Rücksicht auf Verluste. Nach der hundertsten Satire will ich eigentlich ohnehin aufhören. Es kann nur eine wütende Geschichte werden, wenn schon in der Kronen Zeitung so wütend geschrieben wird. Es muß eine Kriegsgeschichte werden! Auf „Krone" reimt sich „Patrone", „Kanone". „Da fliegen auch schon die Kanonen-Kugeln ... doch dann sind das nur läppische ‚Krone'-Kugeln" ... bildmäßig werde ich einfach zerknüllte Krone Zeitungen herumwerfen, denke ich mir.

Ich rede mit vielen Menschen, mit den Kellnern, mit Freunden, mit Fremden. Ich weiß jetzt, daß eine Unterschriften-Aktion gestartet wird, gegen die Berichterstattung in der „Krone". Ich unterschreibe kaum solche Sachen. Aber diesmal bin ich dabei. Ich bin ein gebranntes Kind irgendwie! Von der Zeitung her! Punker-Freund Fartacek ... der frühpensionsberechtigte Professor ... und so weiter. Ich bilde mir ein, ich habe den Salzburg-Krone-Chef Hasenöhrl einmal im Cafe Bazar einen kleinen Braunen trinken gesehen. Ich kenne ja persönlich den „Kleinen-Braunen"-Freund. Es könnte sich aber auch um einen Großen Braunen gehandelt haben. Das könnte ich jetzt immer verwenden, wenn von ihm die Rede sein sollte. Wobei ich ohne irgendeine gedankliche Verrenkung gerne zugebe, daß ich manches Engagement der Salzburg-Krone bewundert habe ... in Sachen Wackersdorf, um nur ein Beispiel zu nennen. Nein, mit der puren Wut komme ich nicht weiter. Ich muß mich lustig machen über diese Art von „Krieg". Ich muß mich lustig machen über Herrn Hasenöhrl. Nur so kann das was bringen. Ich mache mich ja nicht lustig als Privatperson oder als Zeitungsleser, der täglich die „Krone" liest wie er täglich die Salzburger Nachrichten, den Kurier, die Salzburger Volkszeitung und – damals noch – die AZ liest. Ich mache mich lustig als Satiriker, und das ist legitim. Aber wie macht man sich über den „Krieg" lustig? Wie macht man sich über eine Zeitung lustig, deren Redakteure man kennt und schätzt? Am leichtesten ist es immer mit den „bedeutenden Personen", also mit Chefredakteuren zum Beispiel. Zu „Hasenöhrl" fällt mir einiges ein. Ich will aber den Namen in meinem Text nicht direkt verwenden. Ich denke an das Wort „Hosenröhrl", also etwa, in Bezug auf die wütenden Schreiberlinge: „Da hocken sie schon im Gebüsch, bewaffnet über beide Öhrl / und schieß'n aus ihrer Maschin' – und aus dem letztn Hosenröhrl!" Ich werde mich dazu, mit einer Schreibmaschine bewaffnet ins Gebüsch hocken, werde mir lange Hasenohren basteln (vielleicht aus der Kronen Zeitung mit dieser „Krieg"-Überschrift?). Und dann zeige ich als Zwischenschnitt noch kurz einen mümmelnden Hasen.

Darf man in der Satire mit Namen spielen? Eigentlich tue ich es nicht gern. Aber in diesem Wut-Augenblick berufe ich mich auf Karl Kraus: „Dient ein Name der satirischen Wirkung, so wird gern eingewendet, der Mann könne für seinen Namen nicht. / ... / Wie an den Großen alles groß ist, so ist an den Lächerlichen alles lächerlich, und wenn ein Name eine Humorquelle eröffnet, so trägt der Träger die Schuld." Ich denke mir also eine Szene aus, eine friedliche Alltagsszene, beim Frühstück zum Beispiel ... die durch diese Schlagzeile „In Salzburg tobt ‚Krieg' um ‚Mozart'" in eine Alptraum-Szene verwandelt wird.

3. Akt – Die Wochensatire: Der Text

(Guten Morgen!)
Ich sitz bei meinem Frühstück
und denk mir nix dabei
ich trinke mein Kaffetscherl
und köpf mein Frühstücks-Ei
ich hol mir was zum Les'n
aus der eher unteren Region

da trifft mich fast der Schlag!!
Also, wußten Sie das schon?

In Salzburg ist ein schrecklicher „Krieg" gewesen –
ganz im Ernst – ich hab's in einer „Zeitung" gelesen!

Ich schleich mich aus dem Haus
und steig vorsichtig vor mich hin –
sonst tret ich ja womöglich
auf eine Tellermin'!!
Da hock'n sie schon im Gebüsch
bewaffnet über beide Öhrl
und schiaßn aus ihrer Maschin'
und aus'n letztn Hosenröhrl! –

Ich denk – wieso ist Krieg?
Es krampft sich mir das Magerl –
da les ich: das ist alles wegn die
Mozart-Einkaufswagerl!
Also alles halb so wild ...
doch die Luft ist voller Geschoße
die geistig'n Brandstifter zündln –
und mir geht ganz schön die Dose!

In Salzburg ist ein schrecklicher „Krieg" gewesen –
ganz im Ernst – ich hab's in einer sogenannten „Zeitung"
gelesen!

Derweil noch manche Salzburger
so tun als ob nix wär
wird mobil gemacht
vom Schreibtischtäter-Heer
die Handelskammer jammert
und die G'schäftsleute die schnaufen –
„wir könnten eine Mozartkugel
weniger verkaufen!"

Die Punker warn's, vom Punkerhaus
des schaut ma so verdächtig aus

oder d'Flamencotänzer ham an Anfall kriagt
und ham den Mozart verbarrikadiert!

Traut's euch Punker, Bürgermeister, Neger
traut's euch nur ums Eck –
wir mit die Mozart-Hosenträger
wir putzn euch scho weg!
(„Weg damit!")

In Salzburg ist ein „Gänsefüßchen" Krieg gewesen –
ich hab's in einer „Gänsefüßchen" Zeitung gelesen!

Jetzt schrein's: Skandal, der arme Wolferl
kam total zuschanden!
Wer so um unsern Mozart bangt
hat den Mozart nie verstanden!
Der Mozart schreibert – jede Wett! –
ein Einkaufswagerl-Menuett:

„Wigl-wagl / i bin net hagl /
was die da schreibn / ist Schaas-mit-Qua'gl!
Wigl-wagl / i bin net hagl /
was die da schreibn / ist Schaas-mit-Qua'gl!"

Es wird noch weiterg'hetzt
mir krampft sich immer noch das Magerl
doch ich hab zu guter Letzt
ja noch mein Einkaufswagerl
da hab ich etwas drinnen
für so schwere Fälle
äh pardon ... schnelle, schnelle ...

(Papier-Zerreißen / Geräusch einer Klospülung)

Ah, jetzt ist' ma leichter!

In Salzburg wär ein schrecklicher Krieg gewesen –
na, Gott sei Dank muß ma net jede „Zeitung" lesen!!!

Die Musik hab ich schnell „komponiert". Ich suche auf meiner YAMAHA 47, mit der ich die meisten Wochensatiren-Lieder gemacht habe, einen starken Rhythmus und einen etwas aggressiveren Sound. Ich entscheide mich für das vorgegebene Rhythmus/Begleitung-Menue „16 Beat/1", Tempo 126 ... das gibt eine gute, stampfende Musikbasis. Ich beschränke mich auf einfachste Harmonien, es wird sowieso mehr ein Sprechgesang-Lied. Zur Betonung des Bedrohlichen, des Gefährlichen, des Kriegs-Gemäßen, baue ich beim Refrain ein nervendes Alarmgeräusch ein ... „In Salzburg ist ein schrecklicher Krieg gewesen ..." und dazu diese schrille, beunruhigende Sirene. Beim Mozart-Menuett lasse ich einfach den Rhythmus weg, dadurch wird das Ganze lieblicher, außerdem singe ich das „wigl-wagl ..." zweistimmig. Mittwoch abend nehme ich die Musik im Tonstudio eines Freundes auf. Kein Problem. Und die Musik nervt so richtig! Immerhin ist ja auch Krieg ...

4. Akt – Die Wochensatire: Bilder und Szenen

Ich möchte die ganze Geschichte im Garten des Hauses drehen, in dem ich zur Miete wohne. Ich möchte in diesem hübschen kleinen weißen Salettl anfangen – Frühstücks-Stimmung. Ich beginne, die Requisiten vorzubereiten.

Alles soll an Mozart ausgerichtet sein, schließlich geht es vor allem um ihn. Ich kaufe also einen Mozart-Jubiläumswein, Kremser/Grüner Veltliner. Sobald die Flasche geleert ist, werde ich sie zur Blumenvase umwidmen und eine Gartenrose hineinstecken. Die Flasche ist bald geleert, das schwarze Mozartkopf-Etikett auf der Flasche müßte prächtig zur roten Rose passen. Ich habe ein Frühstückshäferl mit Mozartkopf drauf. Ebenso einen Frühstücksteller. Den Mozart-Bierkrug nehme ich als Fruchtsaft-Glas. Ich versuche ein hartes Ei so zu präparieren, daß – nach dem Köpfen des oberen Viertels – eine Mozartkugel zum Vorschein kommt. Es gelingt mir nur mangelhaft. Jetzt brauche ich noch Mozart-Lebkuchen, Mozartkugeln selbstverständlich, eine Mozart-Kerze. Außerdem, für spätere Szenen, Mozart-Hosenträger, Mozart-Taler, eine Mozart-Perücke, Zeitungen (ein paar „Kronen" vom 10. September!) und ... genau ... ein Einkaufswagerl! Die Mozart-Perücke kann ich mir beim Kostümverleih ausborgen. Die Mozart-Hosenträger (ich nehme welche in Rot mit schwarzen Mozartköpfen drauf) kosten S 298,–. Mozart-Marmelade hab ich noch von der Mozart-Vermarktungssatire vor zwei Jahren zuhause – „Mozart Food – Weichsel-Konfitüre".

Gedreht wird Freitag vormittag, also direkt am Tag der Ausstrahlung. Donnerstag nacht bastle ich mir aus Karton, Kronen Zeitungen und Hosenbund-Gummi eine Hasenohren-Kopfbedeckung. Außerdem hänge ich zwei Mozartkugeln mit einem kurzen Stück Plastikschnur zusammen, wie ein Kirschenpaar, das man sich übers Ohr hängen kann. In meinem Fall wird das Mozartkugelpaar als Handgranatenwaffe verwendet. Das Einkaufswagerl hab ich, mühsam genug, beim Stage-Service in Niederalm besorgt. Eigentlich hätte ich ja zwei gebraucht, aber die hätten nicht ins Auto gepaßt. Immerhin hab ich für die Dreharbeiten ein Original-Wagerl. Mitten in der Nacht schlüpfe ich ein einen uralten Schlafrock, den ich früher als Zauberer bei Kinderfesten verwendete, setze mir die geborgte Mozart-Perücke auf und versuche im Garten mit dem Einkaufswagerl ein paar flippige Schrittkombinationen ... „Wigl-wagl / i bin net hagl ..." Und bei „Schaas-mit-Qua'gl" lüpfe ich einfach den Schlafrock und zeige mein Jeans-Hinterteil in die Kamera.

Am Freitag wird gedreht. Wir beginnen im hübschen Salettl im Garten. Die Kamerafrau zaubert mit Scheinwerfern und Lichtfiltern eine warme Frühstücks-Atmosphäre herbei. Wir dekorieren den Frühstückstisch mit Mozart-Flasche, Mozart-Kerze, Mozart-Marmelade, Mozart-Frühstücks-Ei, Mozart-Lebkuchen (auf dem Etikett mit dem Mozart steht „Mozart-Pumpernikl"), Mozart-Glas (mit Himbeersaft), und einer Glasschüssel voller Mozartkugeln. In die Mozart-Flasche kommt die schönste Gartenrose. Neben mein Frühstückgeschirr kommen alle Salzburger Zeitungen, als unterste die „Krone" mit dem „Krieg"-Titel.

Die Wut ist immer noch da. Auch die Zweifel. Es gibt ehrliche Schreiber, gute Leute bei der „Krone". Aber jetzt geht es ohnehin nur mehr ums Handwerk und gegen die Zeit. Das Tonbandgerät für die Musik-Zuspielung funktioniert nicht. Ich brauche aber die Musik-Zuspielung. Ich möchte ein paar Passagen lippensynchron in die Kamera „singen". Ich mache das immer so. Die erste Dreh-Stunde vergeht mit technischen Problemen. Wir müssen einen Kassettenrecorder nehmen.

Musik läuft, Kamera läuft. Ich sage – synchron zu meiner Stimme auf der Kassette – „Guten Morgen!" Dann widme ich mich ganz dem Frühstück, während meine Stimme mit dem Liedtext beginnt ... „Ich sitz bei meinem Frühstück und denk mir nix dabei ..." Parallel zum Text hantiere ich mit Frühstücks-Ei, Messer, Kaffeehäferl, ziehe auf Stichwort die „Kriegs-Krone" ganz unten aus dem Zeitungsstapel hervor und lese mit erschrockenem Blick: „In Salzburg ist ein schrecklicher ‚Krieg' gewesen – ganz im Ernst – ich hab's in einer ‚Zeitung' gelesen!" Wir drehen die Salettl-Szenen ab. Noch einmal der Refrain und die Ankündigung „Der Mozart schreibert, jede Wett / ein Einkaufswagerl-Menuett!" Dann die Außenaufnahmen, im Garten vor dem Salettl. Wir haben ein paar Mozart-Taler in die Wiese gelegt und einen Suppenteller mit aufgeklebtem Mozartkopf-Etikett – das sind die Tellerminen. Ich steige vorsichtig zwischen Talern und Teller dahin, die Kamera ist groß auf meinen weißen Turnschuhen. Daß ich bei dieser Aktion mitten in die Hundescheiße steige, fällt uns erst viel später auf. „Die Luft ist voller Geschoße ..." Der Kameraassistent wirft eine Handvoll Mozartkugeln auf mich, ich ducke ab. In Zeitlupe schaut das ziemlich gut aus. Wir verwenden diese Passage auch noch bei einer an-

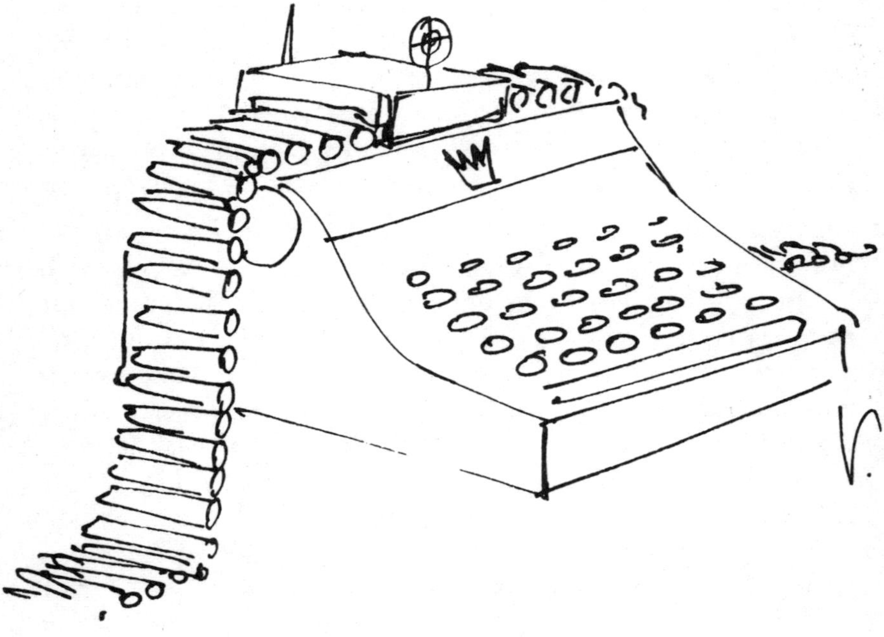

deren Textstelle. „Ich denk, wieso ist Krieg?" Da möchte ich eine Doppelbelichtung haben. Also: mein Gesicht, wie es ratlos in der Gegend herumschaut, ängstlich, ein bißchen verloren. Und dazugeblendet eine echte Kriegsszene, die ich mir noch im Salzburg-Heute-Archiv suchen werde. Dann die heikelste Stelle. Das mit der Klospülung. Ich stelle das Einkaufswagerl auf, lege eine „Kriegs-Krone" hinein. Die Kamera ist ganz nahe an den Gitterstäben und auf der Zeitung drauf. Dann beuge ich mich ins Bild, hole die Zeitung heraus und verschwinde hinter der Hausecke. Während die Stimme vom Band weitersingt ... („Äh, pardon – schnelle, schnelle, und man das Geräusch der Klospülung hört") ... taucht hinter der Hausecke mein Arm auf, der zur Klospülung die entsprechende Zieh-Bewegung macht. Als nächstes drehen wir das kurze Mozart-Menuett. Ich habe mir den Zauberer-Schlafrock angezogen und die geliehene Perücke aufgesetzt. Ich lümmle mich ziemlich auf das Einkaufswagerl, tänzle von der Kamera weg durch den Garten, laß' dabei die Beine nach links und rechts schlenkern und lüpfe beim Stichwort „Schaas-mit-Qua'gl" den Schlafrock. Das klappt auf Anhieb.

Dann ziehe ich mir das viel zu kleine knallgelbe Ölzeug an, das mir ein Freund geborgt hat, klemme mir die Mozart-Handgranaten über das rechte Ohr, nehme die gelbe Schreibmaschine und ducke mich ins Thujen-Gebüsch. Der Boden ist feucht, die Lage äußerst unbequem. Die Hasenohren-Kopfbedeckung verrutscht mir, ich muß den Hosenbundgummi enger knüpfen. Ich hämmere wie ein wildgewordener Journalist auf die Tasten. Ich schieße in Großaufnahme eine Mozartkugel mit einem Buchstaben-Hämmerchen weg. Ich zünde die Mozartkugel-Handgranate, schleudere sie weg und halte mir die Hasenohren zu. Das alles wird von oben gefilmt. Da liegt wirklich ein Krieger im Dreck und wütet. Mit meinen Mozart-Hosenträgern schnalze ich auf die Kamera zu, der Glossen-Titel „Weg damit!" ist dabei im Bild.

Die Dreharbeiten – wir haben ja nur knapp drei Stunden Zeit – sind anstrengend und verbissen. Wir rennen immer nur der Zeit nach. Aber wir werden rechtzeitig fertig. Anschließend wird sofort geschnitten. Wir spielen die Musik auf die Abspielkassette und hängen die ersten neu gedrehten Szenen dazu. Die Geschichte mit den Füßen zwischen den Tellerminen verstärken wir akustisch, indem wir Geigerzähler – und Minensuch-Geräusche aus einem Salzburg-Heute-Beitrag dazumischen. Dann kommt die Sache mit der Doppelbelichtung. Ich schaue also ratlos und ängstlich herum, dazu sollen echte Kriegsbilder laufen. Wir haben genügend Auswahl. Bilder aus dem beginnenden Jugoslawienkrieg, Bilder vom Irak-Krieg. Ich könnte Panzer dazumischen, tote Soldaten, Menschen auf der Flucht. Ich entscheide mich für die Szene mit der Panzerabwehrrakete, die aus dem Panzerrohr fliegt und irgendwo in der Ferne einschlägt. Das ist BBC-Material. Wir bauen ein paar Bilder von den Einkaufswagerln ein, den ziemlich aufgeregt wirkenden Salzburger mit seinem Satz über den Nachtscherben und dessen Inhalt. Die Szene mit der vom Öhrl gerissenen und weggeschleuderten Mozart-Handgranate verstärken wir akustisch durch Granatenflug- und -einschlaggeräusche. Es muß alles seine bedrohliche Richtigkeit haben.

„Die Handelskammer jammert ..." dazu laß ich ein paar Mozart-Hampelmänner aus einem früheren Mozart-Kitsch-Beitrag auf- und abhampeln. „Die G'schäftsleute, die schnaufen ..." da zeige ich einen im Trockenen liegenden Fisch, der soeben seine letzten Schnaufer tut. Mit den Flamencotänzern habe ich Probleme. Ich durchforste das ganze Archiv – keine Flamencotänzer weit und breit! Statt der Flamencotänzer nehme ich schließlich Schuhplattler, die bei einem Brauchtumsauftritt grad so richtig fesch drauflos platteln. Ich denke mir: eigentlich sind die Flamencotänzer genauso unschuldig wie die Schuhplattler. Und umgekehrt. Und damit hat die Sache auch schon ihre Richtigkeit. Wir haben das ganze Lied bebildert. Das Köpfen des Frühstücks-Eies, dann diese schreckliche Zeitungsmeldung; das vorsichtige Betreten der Wiese; die geistigen Brandstifter, die im Gebüsch hocken und unkontrolliert in die Schreibmaschine hämmern; die Hosenträger-Waffe, um die Punker, Bürgermeister und sonstigen Außenseiter wegzuputzen. Jetzt beim mehrmaligen Anschauen dieser Szene am Video-Bildschirm merke ich, daß sich genau in dem Moment, da ich – als Hosenträger-Soldat – den Gummi zum „Weg damit!" – Schuß anspanne, eine Gelse auf meine Hand setzt und seelenruhig, während ich auf die Anweisungen der Kamerafrau warte, aus meiner Ader säuft.

Am Schluß der Dreieinhalb-Minuten-Geschichte entschuldige ich mich noch, wieder im gemütlichen Frühstücks-Salettl sitzend, für meine Scherze mit dem Krieg und schlage einen Waffenstillstand vor. Ich zünde sogar eine Mozart-Friedenskerze an und schließe mit diesem Satz: „Ich wünsche diesem Salzburg nicht mehr Geld und Glanz / sondern ein bißl mehr Humor ... und viel mehr Toleranz!" Worauf ich zu einer der Mozartkugeln auf meinem Mozart-Frühstückstisch greife und sie samt Goldpapierhülle und mit dem Hinweis „aber jetzt zerbeiß i's!" zerbeiße.

Schluß

Ich glaube nicht, daß Satiren etwas bewirken. Außer vielleicht, daß sie Gespräche auslösen oder – im besten Falle – Auseinandersetzungen. Sie befreien auch den nicht, der sie macht. Außerdem – was soll ich jetzt mit all den Mozart-Kerzen, Mozart-Marmeladen, Mozart-Hosenträgern. Wer trägt schon Mozart-Hosenträger in dieser Stadt? Wenn ich nur wüßte, wo man die Mozart-Büstenhalter herbekommt! Vielleicht kann man die gegen Hosenträger tauschen. Die Mozart-Rose steckt noch immer in der Mozart-Jubiläumswein-Flasche, gespenstisch vertrocknet. Die Hasenohren werd ich noch aufbewahren, für alle Fälle.

Unfehlbar ist die Kronen Zeitung

161 Verse gegen eine bestehende Alleinherrschaft

Peter Kreiner

1. Der Papst ist unfehlbar.
2. Der Kritiker ist fehlbar.
3. Der Kulturkritiker ist fehlbar.
4. Kunst und Kultur sind fehlbar.
5. Der Kulturkritiker sieht seine Hauptaufgabe darin, die Fehlbarkeit von Kunst und Kultur zu beweisen. Er hält sich darin für unfehlbar.
6. Der Kulturkritiker, der sich für unfehlbar hält, heißt Kritikerpapst.
7. Da sich der Kulturkritiker nur für unfehlbar hält, es aber nicht ist, steht über ihm ein Chefredakteur.
8. Der Chefredakteur ist unfehlbar.
9. Der Chefredakteur übt sich in Kulturkritik, wann immer er zur Ansicht gelangt, sein Kulturkritiker mache Fehler.
10. Die Kulturkritik des Chefredakteurs ist unfehlbar.
11. Der Chefredakteur heißt HPH.
12. HPH steht der Salzburger Redaktion der Neuen Kronen Zeitung vor.

13. HPH untersteht dem Eigentümer und Herausgeber der Neuen Kronen Zeitung, HD.
14. Die Kronen Zeitung ist unfehlbar.
15. HD ist unfehlbar.
16. HPH ist unfehlbar.
17. HL ist Kulturredakteur der Salzburg Krone.
18. HL ist fehlbar. Er ist auch nicht Chefredakteur, darum macht er, wenn es darauf ankommt, nicht Kulturkritik.
19. Darauf an kommt es der Neuen Kronen Zeitung oft.
20. Darauf an kommt es der Kronen Zeitung regelmäßig.
21. Manchmal kommt es der Kronen Zeitung österreichweit darauf an.
22. Manchmal kommt es der Kronen Zeitung nur in einem österreichischen Bundesland darauf an.
23. Daß und wann es darauf ankommt, weiß die Kronen Zeitung.
24. Wenn es darauf ankommt, geht es sehr oft um Kultur.
25. Um Kunst geht es, wenn es darauf ankommt, nicht, denn das, weswegen es der Kronen Zeitung darauf ankommt, ist nach ihrer Meinung alles andere als Kunst.
26. Die Kronen Zeitung bestimmt, was Kunst ist.
27. Die Kronen Zeitung bestimmt vor allem, was nicht Kunst ist.
28. Österreichweit kommt es darauf an, wenn es um sogenannte Kunst in der Bundeshauptstadt Wien geht oder diese sogenannte Kunst österreichweit konsumierbar ist.
29. Österreichweit kam es darauf an, als Alfred Hrdlicka in Wien den ermordeten Juden des Zweiten Weltkriegs ein Mahnmal setzte.
30. Die Kronen Zeitung nannte Alfred Hrdlicka „einen auf mancherlei Umwegen zum österreichischen Quasi-Staatskünstler aufgestiegenen Stalin-Fan" (20.Okt.1988).

31. Österreichweit kam es auch darauf an, als Thomas Bernhards Buch „Holzfällen" erschien.
32. Als Thomas Bernhards Stück „Heldenplatz" in Wien Premiere hatte und das gleichnamige Buch zum Stück in allen österreichischen Buchhandlungen zu beziehen war, kam es der Kronen Zeitung wieder darauf an.
33. Die Kronen Zeitung nannte Thomas Bernhard „Übertreibungskünstler" (26.Okt.1988) und einen „Spießgesellen" (14.Okt.1988).
34. Die Kronen Zeitung erklärte, daß für gewisse Behauptungen in Thomas Bernhards Stück ein Psychiater zuständig wäre (14.Okt.1988).
35. Die Kronen Zeitung nannte Thomas Bernhards Stück „Heldenplatz" „Skandalstück" (7.Okt.1988), „Ehrenbeleidigungen" (11.Okt.1988), „Schmähungen" (11.Okt.1988), „Verleumdungen" (11.Okt.1988), „Gesetzesverletzungen" (11.Okt.1988), „Schmutzkampagnen" (11.Okt.1988), „Österreich-Beschimpfung" (9.Okt.1988, 14.Okt.1988, 26.Okt.1988), „Österreich-Besudelung" (9.Okt.1988), „Verhöhnung Österreichs" (13.Okt.1988), „Verunglimpfungen Österreichs" (11.Okt.1988).
36. Thomas Bernhard ist tot.
37. Thomas Bernhard wurde ein Liebkind der Kronen Zeitung.
38. Im Oktober 1991 bezeichnet die Kronen Zeitung Thomas Bernhard als „Dichter", „Künstler", „Genie" (alle: 20.Okt.1991).
39. Im Oktober 1991 bezeichnet die Kronen Zeitung Texte Thomas Bernhards, die sich in einem Buch über ihn finden, als „die besten Texte des Buches" (20.Okt.1991). Die Kronen Zeitung liebt tote Künstler. Sie können sich nicht mehr gegen sie wehren.

40. Im September 1991 kommt es der Kronen Zeitung in Salzburg darauf an.
41. In diesem Salzburger September kommt es der Kronen Zeitung wegen Anton Thuswaldner darauf an.
42. Anton Thuswaldner ist ein sogenannter Künstler. Denn er lebt.
43. Anton Thuswaldner umstellt das Denkmal Mozarts mit einer Pyramide aus Einkaufwagen.
44. Anton Thuswaldner redet von seinem Werk als Kunstwerk.
45. Anton Thuswaldner will den Menschen die Entstellung, die schrankenlose kommerzielle Vermarktung Mozarts ins Bewußtsein rufen.
46. Mozart ist ein Heiligtum.
47. Anton Thuswaldner kratzt das Heiligtum Mozart an.
48. Wenn jemand ein Heiligtum ankratzt, kommt es der Kronen Zeitung darauf an.
49. Wenn es der Kronen Zeitung darauf ankommt, dann ist sie nicht Befürworter eines sogenannten Kunstwerks, sondern Gegner.
50. Die Kronen Zeitung ist nicht nur Gegner eines sogenannten Kunstwerks.
51. Die Kronen Zeitung ist auch massiver Gegner des Künstlers, von dem das sogenannte Kunstwerk stammt. Sie macht ihn zum Feind, zu einem Objekt von Feindseligkeiten.
52. Selbst die mächtige Kronen Zeitung steht nicht gern allein als Gegner eines Feindes da.
53. Es kommt der Kronen Zeitung darauf an, sich Verbündete zu schaffen.
54. Hat sich die Kronen Zeitung einmal Verbündete geschaffen, gibt es bald viele Gegner eines sogenannten Kunstwerks und eines sogenannten Künstlers.

55. Die Menschen, die die Kronen Zeitung für sich als Verbündete reklamiert, sind ihre Leser.
56. Die Kronen Zeitung macht aus ihren Lesern Verbündete und aus den Verbündeten Gegner.
57. Es gibt faire und unfaire Gegner.
58. Ein fairer Gegner hat vor anderen eine gewisse Achtung.
59. Die Kronen Zeitung hat Achtung vor rundäugigen Kindern, possierlichen Tieren und barbusigen Frauen.
60. Ein fairer Gegner verletzt niemanden absichtlich.
61. Die Kronen Zeitung verletzt gewisse Menschen absichtlich.
62. Ein fairer Gegner erachtet im Streit mit anderen Menschen diese für Kontrahenten.
63. Die Kronen Zeitung macht im Streit aus gewissen Menschen Feindbilder.
64. Die Kronen Zeitung ist gewissen Menschen gegenüber ein unfairer Gegner.
65. Gewisse Menschen sind oft sogenannte Künstler.
66. Die Kronen Zeitung ist ein unfairer Gegner von sogenannten Künstlern.
67. Die Kronen Zeitung macht aus ihren Lesern unfaire Gegner von sogenannten Künstlern.
68. Eine Auseinandersetzung zwischen fairen Gegnern heißt Auseinandersetzung. Dabei geht es um Inhalte.
69. Die Auseinandersetzung der Kronen Zeitung mit Kunstwerken und Künstlern kann allein schon deshalb nicht Auseinandersetzung heißen, da die Kronen Zeitung sich mit nichts auseinandersetzt, am allerwenigsten mit Inhalten.
70. Die Auseinandersetzung, die die Kronen Zeitung führt, nennt sie Krieg (10.Sept.1991). Diese Formulierung wählt die Kronen Zeitung.

71. Die Kronen Zeitung stellt sich ihren Lesern als Berichterstatter einer Auseinandersetzung vor, mit der sie scheinbar nichts zu tun hat.
72. In Wirklichkeit ist die Kronen Zeitung eine der zwei streitenden Parteien.
73. Die Kronen Zeitung ist zumeist jene Partei, die ihrer von ihr erwählten Diktion zufolge einen Krieg begonnen hat.
74. Wo ein Krieg begonnen wird, hört sich für mich alles auf.
75. Wo sich für die Kronen Zeitung alles aufhört, beginnt sie Kriegsberichterstattung.
76. Die Kriege der Kronen Zeitung richten sich oft gegen sogenannte Künstler, die ein sogenanntes Kunstwerk geschaffen haben.
77. Die Kronen Zeitung erklärt ein sogenanntes Kunstwerk zum Feindbild.
78. Die Kronen Zeitung erklärt sich selbst zum Feind eines sogenannten Künstlers.
79. Die Kronen Zeitung erklärt nicht pauschal Künstler und Kunstwerke zu Feindbildern.
80. Die Kronen Zeitung erklärt nur bestimmte Künstler und deren Kunstwerke zu Feindbildern.
81. Gegen bestimmte Künstler führt die Kronen Zeitung regelmäßig Krieg, wie sie es nennt.
82. Gegen Thomas Bernhard führte die Kronen Zeitung regelmäßig Krieg.
83. Auch gegen Peter Turrini und Alfred Hrdlicka führt die Kronen Zeitung regelmäßig Krieg.
84. Die Kronen Zeitung nennt sogenannte Künstler, gegen die sie regelmäßig Krieg führt, Linke.
85. Schriftsteller mit Gedichten über den zarten Zauber des ersten Veilchens im Frühling sind selten Linke.

86. Was Heinrich Heine betrifft, so ist vorstellbar, daß die Kronen Zeitung, wäre Heine Österreicher gewesen, seine Ausweisung aus Österreich gefordert hätte.
87. Es ist vorstellbar, daß Heinrich Heine von der Kronen Zeitung als Linker bezeichnet worden wäre.
88. Es ist vorstellbar, daß Heinrich Heine als linker Künstler bezeichnet worden wäre.
89. Heinrich Heine ist schon lange tot. Die Kronen Zeitung könnte ihn jetzt lieben.
90. Die Kronen Zeitung mag linke Künstler nicht.
91. Die Kronen Zeitung mag überhaupt keine Linken.
92. Die Kronen Zeitung sieht in Linken eine Bedrohung, keine Menschen.
93. Die Kronen Zeitung sieht in linken Künstlern eine Bedrohung.
94. Die Kronen Zeitung erzählt ihren Lesern, daß linke Künstler eine Bedrohung darstellen.
95. Linke Künstler gehören zu den bestimmten Künstlern.
96. Die Kronen Zeitung ist der Meinung, daß die bestimmten Künstler die wahre Kunst und die Gesellschaft bedrohen.
97. Mit dieser Meinung macht sich die Kronen Zeitung zum Feind bestimmter Kunst.
98. Die Kronen Zeitung macht aus ihren Lesern Feinde bestimmter Kunst.
99. Feinde bestimmter Kunst sind auch Feinde von bestimmten Künstlern.
100. Bestimmte Künstler berufen sich oft auf die Freiheit der Kunst.
101. Die Kronen Zeitung sieht in der Freiheit der Kunst eine Bedrohung.
102. Sie erzählt ihren Lesern, daß die Freiheit der Kunst eine Bedrohung darstelle.

103. Die Kronen Zeitung erzählt ihren Lesern, daß die Freiheit der Kunst die Gesellschaft bedrohe.
104. Nur dumme Menschen vermuten in der Freiheit der Kunst eine Bedrohung der Gesellschaft.
105. Viele Kronen Zeitung-Leser werden zu dummen Menschen degradiert, weil sie von der Kronen Zeitung unter dem Deckmantel der Aufklärung für dumm gehalten oder für dumm verkauft werden.
106. Leser verkauft man für dumm, indem man ihnen erzählt, daß sie, wenn die Gesellschaft gefährdet sei, selbst auch gefährdet sind.
107. Kronen Zeitung-Leser möchten durch Kunst nicht gefährdet sein. Sie möchten nie gefährdet sein, am allerwenigsten durch Kunst.
108. Kronen Zeitung-Leser gelangen zu der Auffassung, daß wahre Kunst nicht gefährde, sehr wohl aber zügellos freie Kunst.
109. Kronen Zeitung-Leser sind gegen zügellos freie Kunst.
110. Wer gegen zügellos freie Kunst ist, spricht der Kunst prinzipiell ihre Freiheit ab.
111. Die Kronen Zeitung möchte gerne Totengräber der Freiheit der Kunst sein.
112. Die Kronen Zeitung möchte gerne Retter der Gesellschaft sein.
113. Wer Haß schürt, wird die Gesellschaft nicht retten können.
114. Die Kronen Zeitung schürt Haß.
115. Die Kronen Zeitung hängt einem 50 Jahre alten Kunstverständnis an.
116. Das Kunstverständnis der Kronen Zeitung müßte eigentlich Kunstunverständnis heißen.

117. Das Kunstunverständnis der Kronen Zeitung findet seinen Ausdruck darin, daß die Kronen Zeitung Innovatives ablehnt.
118. Innovativ ist, Bestehendes in Frage zu stellen, Althergebrachtes anzuzweifeln, vom Üblichen abzuweichen.
119. Die Frage, der Zweifel und das Unübliche sind an sich schon innovativ.
120. Werden über eine künstlerische Ausdrucksform Fragen gestellt, Zweifel angemeldet oder unübliche Wege eingeschlagen, so nennt die Kronen Zeitung die Innovation Provokation.
121. Die Kronen Zeitung mag keine Provokationen.
122. Provokationen, die die Kronen Zeitung nicht mag, sind in den seltensten Fällen gegen sie selbst gerichtet.
123. Die Kronen Zeitung reagiert auf Provokationen, die nicht einmal indirekt gegen sie gerichtet sind, mit entwürdigenden Diffamierungen.
124. Diese Herabsetzungen der Ehre richtet die Kronen Zeitung gegen die Provokateure.
125. Die Kronen Zeitung diffamiert, weil sie Innovativem und Provokantem die Wahrheit abspricht.
126. Was nicht Wahrheit ist, ist Lüge.
127. Wer Lügen verbreitet, ist ein Lügner.
128. Die Kronen Zeitung mag weder die Lüge noch den Lügner.
129. Die Kronen Zeitung hetzt gegen Lügen und Lügner.
130. In ihrer Hetze gegen vermeintliche Lügner und Lügen verbreitet die Kronen Zeitung ebensolche.
131. Die Kronen Zeitung leitet das Recht, hetzen zu dürfen, wogegen sie auch immer will, aus dem Untertitel ihres Namens ab.
132. Der Untertitel des Namens Neue Kronen Zeitung lautet „unabhängig".

133. Das Unabhängigkeitsverständnis der Kronen Zeitung ist ein von ihr selbst erwähltes.
134. Das Unabhängigkeitsverständnis darf daher auch nach ausschließlichem Gutdünken der Kronen Zeitung selbst gehandhabt und in der Praxis beliebig eng oder weit angewendet werden.
135. Die Kronen Zeitung beansprucht diese Freiheit und greift sehr oft auf sie zurück.
136. Die Unabhängigkeit der Kronen Zeitung ist fallweise zu prüfen.
137. Das Unabhängigkeitsverständnis der Kronen Zeitung bedeutet keinesfalls die Unabhängigkeit ihrer Redakteure.
138. Die Journalisten und Redakteure der Kronen Zeitung sind abhängig von Chefredakteuren der Kronen Zeitung.
139. Chefredakteure der Kronen Zeitung sind abhängig von der Blattlinie der Kronen Zeitung.
140. Die Blattlinie der Kronen Zeitung ist abhängig von ihrem Eigentümer und Herausgeber HD.
141. Objektive Berichterstattung innerhalb der Abhängigkeitshierarchie der Kronen Zeitung ist unmöglich und findet de facto nicht statt.
142. Steuerzahlende österreichische Staatsbürger sind sich dessen kaum bewußt, daß sie eine Tageszeitung mitfinanzieren, der ein Minimum an Objektivität fremd ist.
143. Objektivität sollte die verbindliche Norm für jede anständige Tageszeitung sein.
144. Die Kronen Zeitung schert sich einen Dreck um Verbindlichkeiten und schafft sich ihre eigene Norm.
145. Die Norm der Kronen Zeitung lautet: Ich, Kronen Zeitung, bin die Norm, nach der sich alles zu richten hat. Ich bin gegen alles, was sich gegen die Norm stellt, denn die Norm ist ein Eckpfeiler der Gesellschaft. Ich bin eine Zeitung für die Gesellschaft, daher ist, wer sich gegen die

Norm stellt, auch gegen die Gesellschaft und damit gegen mich. Kunst, die von der Norm abweicht, ist gegen die Gesellschaft, ist daher gegen mich, Kronen Zeitung. Ich bin gegen Kunst, die von der Norm abweicht, die ich festsetze, bin daher gegen deren Urheber, die Künstler, bin daher gegen deren Geldgeber, gegen die Subventionspolitik, bin daher gegen namentlich dafür verantwortliche Politiker.

146. Politiker sind Subventionsgeber.
147. Künstler sind Subventionsempfänger.
148. Ein bestimmter subventionsgebender Politiker, der bestimmte Art von Kunst subventioniert, ist nach Auffassung der Kronen Zeitung ein „Bonze" (13.Sept.1991), ein „roter Fürst" (14.Sept.1991), ein „progressiver Sozialist" (10.Sept.1991), ein „roter Pharao" (10.Sept.1991).
149. Bestimmte subventionsbeziehende Künstler, die bestimmte Art von Kunst produzieren, sind nach Auffassung der Kronen Zeitung „Künstler mind'rer Güte" (14.Sept.1991), „Günstlinge" (13.Sept.1991), „protegiert" (10.Sept.1991), „Abhängige" (15.Sept.1991).
150. Kunst, die bestimmte Künstler produzieren können, weil sie von bestimmten Politikern subventioniert wird, ist ein „Gesindelförderungsprojekt" (10.Sept.1991), eine „Verschandelung" (10.Sept.1991), „geschmacklos" (10.Sept.1991), „fremdenverkehrs- und wirtschaftsschädigend" (10.Sept.1991).
151. Wer bestimmte Kunst subventioniert, dem wirft die Kronen Zeitung auch alles andere vor, was er subventioniert: „krawallierende Punker" (10.Sept.1991), „radikale Hausbesetzer" (10.Sept.1991), ein „Punkerhaus" (11.Sept.1991), „Steuersklaven" (10.Sept.1991).
152. Die Kronen Zeitung drängt Personen und Personengruppen an den sozialen Rand der Gesellschaft und kriminalisiert skrupellos Menschen.

Nachsätze:

153. Die Kronen Zeitung verletzt permanent direkt oder durch ihre Einflußnahme Artikel 19 der Allgemeinen Erklärung der Menschenrechte der Vereinten Nationen, wonach jeder Mensch das Recht auf freie Meinungsäußerung hat.
154. Des weiteren verletzt die Kronen Zeitung Artikel 1, indem ihr die Würde eines Menschen wenig bedeutet.
155. Des weiteren verletzt die Kronen Zeitung Artikel 3, da durch ihre Berichterstattung die Sicherheit der Person nicht immer gewährleistet ist.
156. Des weiteren verletzt die Kronen Zeitung Artikel 18, indem sie den Anspruch des Menschen auf Gedankenfreiheit ignoriert.
157. Schließlich untergräbt die Kronen Zeitung Artikel 21, der dem Menschen das Recht einräumt, an der Leitung der öffentlichen Angelegenheiten seines Landes unmittelbar teilzunehmen.
158. Die Kronen Zeitung ist die wahre Besudelung der Nation.

Anhang:

159. „Versuche nicht zu verurteilen. Es gibt nichts Ekligeres als die Verurteilung. Sie ist immer so oder so. Und sie ist immer falsch. Wer weiß denn genug, um irgendwen zu verurteilen." Elias Canetti, zitiert von Cato alias HD, Neue Kronen Zeitung am 5.11.1988
160. „Freiheit der Kunst? Dafür gehen wir – genauso wie für die Pressefreiheit – auf die Barrikaden." Cato alias HD, Neue Kronen Zeitung am 5.11.1991
161. „Wo bestehendes Gesetz gebrochen wird, enden auch in einer Demokratie die Freiheiten, ob es sich um Pressefreiheit oder Freiheit der Kunst handelt." Cato alias HD, Neue Kronen Zeitung am 11.10.1991.

Der Fall des Kronen Genius
AN EIN KIND GEREIMT

Werner Frach

Legende: Der folgende Text bewegt sich auf acht Ebenen; fünf sind sichtbar (vgl. 5 Sinne) und drei mehr oder weniger unsichtbar:
Ebene 1: ein Gedicht
 Ebene 2: Texte aus der „Salzburg Krone"
  Ebene 3: Andere Informationsquellen
   Ebene 4: Gerichtsprotokollnotizen
    Ebene 5: Kommentare für Leser
     Ebene 6: Wirklichkeit
      Ebene 7: Fiktion
       Ebene 8: Bleibt den LeserInnen überlassen

In den Wind gereimt

In großen Städten von Europa
bleibt besser heut zu Haus der Opa,
und manche überfallne Oma
lag auf der Straße schon im Koma.
Es steigt der Räuberbanden Zahl,
Ausländer sind es allzumal.
Ja, machet Platz den armen Fremden,
besorgt euch eure Leichenhemden.
Wolf Martin (Salzburg Krone, 10.9., S.11)

Dieses Gedicht, das zwar vielleicht nicht den Tatbestand der Volksverhetzung erfüllt, aber schlimm genug für denkende Menschen ist, erschien an dem Tag, als von der Kronen Zeitung der „Krieg" um Mozart ausgerufen wurde. Was ist los? dachte ich mir, und ich beobachtete die „Krone" von nun an genauer...

wolf martin heißt der kluge mann
der für die krone dichten kann
ob er sich auch was denkt dabei
ist das den lesern einerlei?

Setzen wir einmal voraus, daß er sich etwas dabei denkt. Aber was?

die hauptsach' ist, was er so schreibt
das reimt sich, und so bleibt
die frage nach dem sinn noch offen
worauf die lieben menschen hoffen

Laut Duden ist Wolf Martins „allzumal" eine veraltete Ausdrucksweise für „alle zusammen". Demnach lautet die Aussage seines Reimes: Die (der Zahl nach steigenden) Räuberbanden (vorausgesetzt, diese Behauptung stimmt) bestehen aus lauter Ausländern. Das ist nachweislich falsch. Für weniger genaue Leser kann sogar der Eindruck entstehen: „Alle Ausländer sind Verbrecher". Aber vielleicht liegt das sogar im Sinne des Erfinders? Aber was soll's. Fragen nach „wahr" und „falsch" sind etwas für philosophische Gemüter. Der Rest will unterhalten werden.

wenn sie den seinen senf zu ihrem
erkoren haben und verlieren
was er bereits verloren hat, das stand

von anfang an nicht fest: verstand

> Das letzte Wort dieser Strophe ist ein Verbum (Zeitwort), kein Nomen (Hauptwort).

er selber, was er schrieb
und außerdem: wer ist der dieb
der ihm das **stahl***, das härter ist*
als **krupp***, als* **hund***, als* **zäher** *mist?*

Hier, liebe LeserInnen, lassen wir die Katze aus dem Sack, was es mit den kursiven Worten auf sich hat: Zusammen mit „*wie, wie, wie*" ergeben sie zwar keinen Sinnspruch, aber so etwas wie ein Sprichwort. Ein Teil eines zusammengesetzten Hauptworts fehlt jedoch noch – das ist das Losungwort! Schreiben Sie es bitte auf eine Postkarte und senden Sie es unter gleichzeitiger Beantwortung der Frage: „Wo ist der Wind, wenn er nicht weht?" an „Die Zeitung" ein!

> Die „Krone" würde vermutlich berichten, daß es sich bei dem Dieb um einen Ausländer handelt, oder sie würde ein Preisausschreiben unter dem Motto „Haltet den Dieb!" inszenieren.

und wer bis hier gelesen hat
der glaubt, es sei ein attentat
auf kleine **flinke** *graue zellen*
bei manchen leuten festzustellen

„Doch was sich abspielt hierzulande
mit Fartacek und seiner Bande,
ohn' Einspruch aus dem Stadtsenat,
ist keine geistige Heldentat!
Aluminiert stand Mozart da,
als käm' er aus Amerika –

und das von unserem Steuergeld!
Kopfschüttelnd sieht's die halbe Welt."
H. Boese, Salzburg (Leserbrief in der Salzburg Krone, 18.9.)

    Zu diesem Zeitpunkt war – zumindest für die, die sich nicht ausschließlich über die „Krone" informieren –, längst klar, daß der Appell an die Steuerzahler (und Wähler) seitens der „Krone" auf falschen Behauptungen beruhte:

„‚Die Leute haben mich Narr, Trottel und Spinner genannt. Einige meinten, ich g'hör ‚*wegputzt*'. Er habe die Diffamierungen ausgehalten, seinen sechs Helfern seien sie schon sehr nahegegangen. ‚Die haben alle eine Arbeit und helfen mir in der Freizeit für Gotteslohn. Dafür müssen sie sich als Sozialschmarotzer beschimpfen lassen', klagte der Bildhauer. ... ‚Es ist eine Verleumdung, daß das Werk aus Steuergeldern subventioniert wird.'" (Artikel über mit Anton Thuswaldner, SN, 11.9., S.13)

    Am Wochenende nach Abbau der Wagerl stand in der „Krone":
„Erneut frugen die in Scharen auftretenden Urlauber. „Warum das ganze?" Die Antwort wurde schon vergangenen Samstag bei der Aufstellung der Karren als einzig gültiger Stehsatz ausgegeben: ‚Um auf die Vermarktung Mozarts 200 Jahre nach dessen Tod kritisch hinzuweisen.'" (Salzburg Krone, 14.9., S.13)

    Hätte der AuTor die AZ vom Vortag gelesen, hätte er – vielleicht – anders geschrieben:
Anton Thuswaldner:
„Die rund 400 Einkaufswagen, die sich um das Mozartdenkmal ranken, sind nur in zweiter Linie Symbol für die Vermarktung. In erster Linie ist die Aktion eine Hommage

an Mozart, die zur Reflexion über die Übertreibung und Verzerrung durch die Statue anregen soll." (AZ, 13.9.)

> Ein nichtsahnender Mensch könte aufgrund der Fakten auf mangelnde Lernfähigkeit der Salzburg Krone schließen. Leute, die sich schon länger mit der Neuen Kronen Zeitung beschäftigen, neigen hingegen zu wissenschaftlich begründeten Annahmen:
> „Die Einhelligkeit, mit der die(...) Motive in der Gesamtberichterstattung der Kronen Zeitung durch gespielt werden, könnte auf der Grundlage einer Theorie der journalistischen Konsonanz als ‚Kampagne' interpretiert werden." (Aus: Peter A. Bruck: Das Österreichische Format, S.135)

Ab hier befinden wir uns in dieser Spalte auf Ebene 4, den handprotokollierten Gerichtssaalnotizen. In einem Prozeß, der mich an frühere Prozesse erinnerte, und der am 17.10.1991 im Salzburger Bezirksgericht im Saal Nummer 228 stattgefunden hat (von 8.15 – ca. 10 Uhr) sagte der Rechtsanwalt der beklagten Partei, des Herrn Hans Peter Hasenöhrl (Salzburg Krone), Dr. Boran, sinngemäß, wenn ich mich nicht irre: Er werde mit Leichtigkeit in jenem Buch über die Kronen Zeitung Stellen finden, die klagbar seien. Daher sollten Sie, Herr Dr. Boran, in meinem Artikel mit ähnlichen Intentionen unterwegs sein, möchte ich Ihnen folgendes vorschlagen: Wir verzichten in unserer vermeidbaren allfälligen schriftlichen Auseinandersetzung auf jeglichen gerichtlichen Schnickschnack – können uns also nennen, wie wir wollen – und reichen das ganze zum kommenden Rauriser Literaturpreis ein. In der „Krone" wird ausführlich darüber berichtet, selbstverständlich unter Nennung des diesmaligen Titels als Schlagzeile auf Seite 1! Wer mehr Lacher auf seiner Seite hat, hat gewonnen. Einverstanden? – Nein? – Ein Medium wie die „Krone" kann doch nicht öffentlichkeitsscheu sein?!?

Eine seltsame Scheu bewies die Salzburg Krone in ihrem von Herrn Dr. Boran gemachten Vergleichsangebot an den klagenden Herrn Marcello Da Forno, Schriftsteller, Dramatiker und Vorsitzender des Vereins Kulturbotschaft: In Form eines Leserbriefes, der natürlich vorher noch begutachtet werde – man solle das aber bitte nicht als Zensur mißverstehen –, im „freien" wort, pardon, im „freien wort" könne er gegen eine monatelange Kampagne der Salzburg Krone gegen die ‚Punker' Stellung nehmen. Dieses „Vergleichs","angebot" (schau mal, Krone, auch ein Strichelchenspiel!) wurde freihändig abgelehnt. Der Freispruch von Hans Peter Hasenöhrl, angeklagt wegen „übler Nachrede", erfolgte mangels „Aktivlegitimation" des Klägers, die ihm und dem eigentlichen Kläger des Prozesses, der trickreicherweise verfahrensmäßig schon vor der ersten Instanz eliminiert worden war und nun nur noch als Zeuge für die 2. Instanz aufscheint, die allein aufgrund der Aktenlage, die doch zumindest sehr eindeutig schwerwiegend ist, entschieden werden kann, abgesprochen wurde bzw. abgesprochen worden war.

Gegen das erstinstanzliche Urteil wurde Berufung eingelegt, von der in der „Krone" allerdings nicht berichtet wurde. Die Sache ist also noch offen.

der ausgang ist meist ungewiß
wenn geister aufeinanderprallen
schlägt einer einem ins gebiß
so kann der andre nur noch lallen

„Kampagne" bedeutet laut Duden „Presse-, Wahlfeldzug". Spätestens bei dieser Eselsbrücke könnte sich die Frage aufdrängen: Gab es in dem von der

Salzburg Krone so kläglich inszenierten Spektakel neben den medialen Regisseuren nicht auch noch politische? Wer frug: Wenn ja, welche?

„Der freiheitliche Altstadtexperte Erich Marx hat es klar und richtig erkannt: Weg damit! – das ist die einzige Lösung. Und den Fartacek sollen sie in einem Einkaufswagerl gleich mitnehmen, meine ich." (HPH, Salzburg Krone, 10.9., S.8)

„Wieso zeigt sich etwa eine Partei, die sich irreführend die ‚freiheitliche' nennt, in diesem unverständigen Treiben am unduldsamsten?" (P. Hodina, Leserbrief SN, 19.9.)

Vielleicht, weil sie das Ganze oder einen Teil desselben aus wahltaktischen Überlegungen (mit)inszeniert hat? Ich fordere hiermit die FPÖ im Namen des „F" vor ihrem „PÖ" auf, sich öffentlich von der Aktion der Salzburg Krone um das Mozartdenkmal zu distanzieren: nicht nur damit sich der ohnehin schon erweckte Eindruck einer konzertierten Aktion nicht verdichte, sondern, und das zuallererst, im Namen der Freiheit.

Apropos Freiheit:

„Sollte man den Fartacek nicht einfach in einen Käfig stellen und ein Schild anstecken: Schaut her, das ist ein Kulturmensch! Bezahlt vom Volk!" (Auszug aus einer „spontanen Aussage", Salzburg Krone, 8.9., S.11)

drum meiden wir auch diesen ton
wir kennen ihn von „krone" schon
„herbstoffensive" und so sachen
sind für uns weniger zum lachen

„Ich sah das funkelnde Dach der neuen Druckerei beim Kugelhof, in der ab Oktober mitten in Salzburg unsere ‚Krone'

hergestellt wird(,) und freute mich. Es ist schön, den Start der Herbstoffensive mit einer Feldmesse auf dem Salzburger Hausberg zu begehen."
(HPH, Salzburg Krone, 10.9., S.8)

als anstoß für ein neues denken:
wird euch wer eine flasche schenken
wird euch wer ein almosen geben
wenn ihr die seid, die auf der straße leben?

> Herr Hasenöhrl, ich bitte Sie, falls Sie durch Zufall auf diese Zeilen stoßen sollten, zu folgendem Thema einen Kommentar in Ihrer ‚Krone' zu verfassen: „Warum müssen die Mächtigen so mächtig sein? – Weil sie so viel Angst haben." Oder eine Kolumne zum Thema „Lieber 12 Jahre Fasching als 12 Jahre Faschismus."

ihr wißt, euch kann das nicht passieren
weil ihr die schlösser und die türen
und euer hirn und herz und spüren
verriegelt habt wie die walküren

> Walküren wurden weniger wegen willkürlicher Wortwahl verwendet, sondern weil sie laut Duden Kampfjungfrauen sind, die die Gefallenen nach Walhall begleiten (hatten sie denn nichts Besseres zu tun als kämpfen?).

ach, glaubt ihr, „deutschland" macht euch heil?
hihi! macht macht nicht immer klug, im gegenteil
und ohnmacht macht nicht automatisch schlau –
drum leb ich lieber in der zone, die als grau

> Blauäugig wäre es, der „Krone" pauschal einen Deutschnationalismus anzudichten, das Repertoire und

Vokabular jedoch, aus dem dort (wieder) gegriffen wird, erinnert an die systematische Ausgrenzung, Vertreibung und Vernichtung von sogenannten Randgruppen (heute: Punker, heute wie damals: Ausländer, sofern es sich nicht um devisenbringende Touristen handelt, damals: „entartete Künstler"...)

bezeichnet wird, verstelle mich als „künstler",
verschweige, was ich als gewinstler
von gnaden fartaceks verdiene: nämlich nichts
was dem entspricht der summe des gedichts

„Der Haß auf redliche Gewinstler
eint stets auch protegierte ‚Künstler'.
Mit Einkaufswagen, flugs gesammelt,
ward Mozarts Standbild fest verrammelt.
Herr Fartacek ist nun zufrieden,
als Herr der Wagerlpyramiden,
die Schar der Punker huldigt froh
dem neuen, roten Pharao, ..."
(Wolf Martin, Salzburg Krone, 10.9., S.9)

Warum hier und andernorts (Mi, 20.9. z.B. „Punkerhaus") immer wieder die Punker ins Spiel kommen, bedarf einer Erläuterung. In Wirklichkeit ist es eine Geschichte, die viel länger ist als die Geschichte von den Wagerln, und selbst diese Geschichte ist nur Teil einer noch längeren Geschichte, die den Titel „Anti-Fartacek-Kampagne" trägt. Und selbst diese Geschichte ist wieder in eine andere eingebettet, und ich würde sie hier wiedergeben, wenn sie nicht so langweilig wären: Sie handeln nämlich von der Kronen Zeitung...

das Er gedichtet hat, der Prinz der Krone

ein schaf im arbeitspelz der bourgeoisie
die das, was faul ist, oder oben ohne
mit der gewißheit delphis denunziert:
      Kryptische Strophe. Sei's drum.

„so sind nicht wir – so sind doch sie!"

wer bis hierher gelesen hat
ist sicher nicht ein automat
ein kronenzeitungsabonnent
vielleicht ein sandler und verpennt

Elke und Wolfgang Brandt aus Lüneburg: „Im ersten Moment haben wir gedacht, es waren irgendwelche Penner da, die sich einen Jux gemacht und die Einkaufswagen aus dem Supermarkt geklaut haben." (Salzburg Krone, 10.9., S.6)

oder ein mensch, den man nicht kennt
auf jeden fall wird er sich denken
warum tut man mir etwas „schenken"
das einen so zum denken zwängt?

„'Was soll denn das sein?', lautete ihre erste entsetzte Frage, weil außer dem 'Betreten verboten'-Schild nichts auf das 'Kunstwerk' mit den Einkaufswagerln hinweist." (Elke und Wolfgang, Salzburg Krone, 10.9., S.6)

> Man stelle sich vor, auf dem Schild hätte sich die Botschaft 'Denken verboten' befunden. Hätte sich die Salzburg Krone – wohl oder übel – daran gehalten?

Sonja A.: „Die Leute kommen doch, daß sie Mozarts Denkmal sehen. Wenn es verschandelt ist, werden sie nicht mehr kommen." (Salzburg Krone, 10.9., S.8).

Ja, weg sind sie, die Touristen, und sie werden wohl nie mehr kommen...

Auch die Handelskammer Salzburg wollte dokumentieren, daß ihr Intelligenzniveau mit dem der Salzburg Krone konform geht:
„Zu einer vom Tourismus dominierten Stadt wie Salzburg gehört auch, daß mit den kulturellen Leistungen vergangener Generationen Geld verdient wird. Damit eine Stadt lebt, braucht es auch Geschäfte und Betriebe. *Diesen Unternehmen die Grundlage zu nehmen* (Herv. W.F.), führt zu einer weiteren Verarmung der städtischen Kultur, zu der nicht nur Mozart gehört." („Salzburger Wirtschaft", 16.9.)

Oder vielleicht ist das Schüren von derlei Ängsten in einem gewissen Sinn sogar sehr intelligent...?

„Literaturpreis der Salzburger Wirtschaft: Dotation: S 50.000.– Vergabe: Jury (keine Einreichung); alle zwei (ab 1987 alle drei) Jahre an Salzburger Schriftsteller (die entweder aus Salzburg gebürtig oder im Bundesland ansässig sind oder durch ihre Werke dem Ansehen Salzburgs dienten)" (Helene Hofmann u.a. (Hg.): Salzburger Literaturhandbuch, Salzburg 1990, S. 201.)

1993 – N.N.

„Tagesgespräch in Salzburg ist der ‚Krieg' um Mozart – die vielkritiserte Einrüstung des Mozartdenkmals mit Einkaufswagerln. Vor allem kleine Gewerbetreibende sind empört: Sie werden vom Magistrat schikaniert, während Vizebürgermeister Fartaceks Günstlinge freie Hand erhalten."
(Salzburg Krone, 13.9., S.1)

wo bleibt denn die moral der g'schicht?
stiehl keine kronenzeitung nicht?
führ' ihr kein inserätlein ein?
lies sie im stillen kämmerlein?

> Inserate müssen normalerweise teuer bezahlt werden. Was für ein glücklicher Zufall, daß die Salzburger FPÖ sich als Retterin der ‚von Fartaceks Günstlingen verschandelten Mozart-Statue' aufspielen konnte...

auf seite fünf die wichsvorlage
für's hirn ist immer auch was drin
davor, dahinter – welche gabe!
es reicht für hintern und urin

> Es gibt viel Obszöners in der „Krone" als die leichtbekleideten Damen, z.B. das eingangs zitierte Gedicht von Wolf Martin. Oder die layoutmäßige Gleichsetzung einer verbrannten Matratze mit einem Punker(!) namens Helmut Kofler, genannt Guiseppe, „der sich vor einem Jahr aus Verzweiflung über eine Medienkampagne, über soziale Mißstände, über politische Verantwortungslosigkeit und aus psychischer Überforderung mit Benzin übergossen und öffentlich hier in Salzburg verbrannt hat" (Flugblatt des Vereins Kulturbotschaft anläßlich einer Gedenk-Lesung zum Thema „Selbstmord" am Sa, 2.11.1991, auf der Humboldtterrasse; vgl. Salzburg Krone, 23.10., S.15)

Die Gleichsetzung habe „der Computer" gemacht, meinte Herr Hans Peter Hasenöhrl, und es ist schade, daß es diese Szene nicht auf Video gibt, meine ich. Der Richter wollte die Szene am liebsten abwinken: Das habe doch mit der Sache nichts zu tun.

Und siehe da: Plötzlich ist die „Krone" zur „Sache" geworden, zur Gerichtssache, wie schon so oft. Und sie wird Entgegnungen drucken, wie schon so oft.

Richter Dr. Alfred Stutz erklärte in der Begründung des Freispruchs, durch den zeitlichen Abstand mehrerer medialer Ereignisse, die von der Salzburg Krone produziert werden, sei bei den Lesern der „Krone" nicht die Fähigkeit vorauszusetzen, daß sie Zusammenhänge erkennen. „Krone-Leser, wehrt Euch!" würde ich Euch zurufen, wenn Ihr mich hören könntet... Wenn ich das Geld hätte, würde ich mittels bezahlter Anzeige eine Lügengeschichte mit dem Titel „So urteilt Richter über Krone-Leser!" inserieren.
Es war jedenfalls ein Prozeß, in dem man entweder das Selbstvertrauen oder das Vertrauen in die „Krone" oder das Vertrauen in den Rechtsstaat verlieren konnte, wobei die „oder" nicht ausschließend gedacht sind. Die zweite Instanz hat jedenfalls mehr zu klären – oder stillschweigend zu übergehen – als ihr lieb sein dürfte. Davon war in der Salzburg Krone, vom 18.10., allerdings nicht die Rede:

„Am Donnerstag schlug die Stunde der Wahrheit und daher auch die der ‚Krone': Freispruch!"

das war jetzt aber tief gegriffen
fürchtet euch nicht! ich strich es schon
ich zensurier' mich selbst ergriffen
von weiser einsicht: denn der lohn

„‚Fürchtet Euch nicht!' rief der sympathische Leopoldskroner Pfarrer August Fuchsberger auf dem Gipfel des Salzburger Hochthrons den Menschen zu. Der heftige Wind trieb weiße Wolkenfetzen auf den zerklüfteten Berg zu, und dann gab die

Sonne kraftvoll den Blick in die faszinierende Weltlandschaft frei:
> Weswegen „Weltlandschaft"? – Tat er's um des Stabreims willen?

Wir von der ‚Krone' fürchten uns nicht, und schon gar nicht vor dem nach fünf Jahren Politarbeit frühpensionsberechtigten Vizebürgermeister und karenzierten Schulprofessor Herbert Fartacek. Der Politiker versucht derzeit, diese unbestechliche Zeitung durch eine Serie von Gerichtsklagen einzuschüchtern. Praktisch ist es so, daß wir auf fast jede Kommunalstory einen Advokatenschrieb bekommen."
(Hans Peter Hasenöhrl, Salzburg Krone, 10.9.)

> Aber vor Marcello Da Forno fürchtete er sich, wie ich vermutete, als er dem Richter mitteilte, er wolle seine Adresse „aus Sicherheitsgründen" nicht bekanntgeben. Aber Herr Hasenöhrl! Sie brauchen sich vor Schriftstellern doch nicht zu fürchten! Wir sind Schriftsteller, mit Hang zum Tragikomischen, und daher leicht in Paranoia zu bringen: Müssen wir uns etwa vor Ihnen fürchten, vor Ihrem dann unter Umständen uns geltenden vernichtenden „Weg damit!", wenn wir erst einmal in den möglicherweise zweifelhaften Vorzug der geballten Berichterstattung Ihrerseits gelangen? – .
> Lassen wir es doch gar nicht erst so weit kommen, daß die Vertreibung von Künstlern, Punkern, ... eine vorstellbare Größe wird. Was aber ist mit denen, die schon gegangen sind?

für diese arbeit ist nicht sicher
vielleicht hat eine redakteurin
oder ein kleiner redakteur in
seinem zimmer mit gekicher

Auch an einer Entlohnung des Künstlers und seiner Helfer aus subventionierten Steuertöpfen fände ich nichts auszusetzen. Die Gratisarbeit vieler Künstler, und insbesondere auch die der Literaten und Dichter, ist ein Skandal.

Kleine Prozeß-Pikanterie am Rande: Herr Hasenöhrl ließ etwas voreilig verlauten, die Salzburg Krone habe ein Gedicht von Marcello Da Forno abgedruckt. Als er dementierte, überging man diese Peinlichkeit.

„Im Namen der Poesie" müßte eigentlich rückwirkend für jedes Gedicht von Wolf Martin, gleichsam als Entgegnung, der Abdruck von lyrischen Qualitätsprodukten gefordert werden.

den text zur kenntnis wohl genommen
doch, ach, dem chef sind da und dort
bedenken wegen ein paar grafen usf.
und nicht zuletzt wegen der länge schnell gekommen

Verdammt lang, nicht wahr? Aber vielleicht hat eine reiche Baronesse trotzdem bis hierher / aber leider nicht weiter gelesen: Dann sagen doch Sie ihr, daß ich für offene Sponsohren gern ein paar nettere Dinge bereit hätte!

wer konsequent kritik nicht scheut
wird weich'res klopapier empfehlen
und andrerseits mir nicht verhehlen
daß ich nichts tue, was mich reut...

„Alles ist Theater, alles ist Poesie!
Begreifen die das denn nie?"

„Nicht, wenn Du es ihnen sagst!"

drum üb' ich mich in selbstkritik
und nehme jedes wort zurück
das wem als vorwurf könnte scheinen
ich würd' die „ganze krone" meinen

> Nein, nein, nein, nie und nimmer. Es gibt sicher nette Sportreporter und so manchen Redakteur, der eigentlich ganz woanders sein will als unter der „Krone"... Aber weil sie wissen, daß sie nix sagen dürfen, sagen sie lieber, daß sie alles sagen dürfen, vom Schreiben war ja nie die Rede.

wo, sagt das volk, fängt jeder fisch
zu stinken an? am kopf, gewiß
doch wie es mit den hasen ist, die frisch
geputzter ohren sich erfreu'n, entzieht sich meiner kenntnis

„Treten Sie zurück, Herr Hasenöhrl" lautete die Aufforderung durch ein „Salzburger Komitee für das Recht auf freie, unbeeinflußte Meinungsbildung" in den der Salzburg Krone am So, 15.9.1991, beigelegten Flugblättern, mit dem Resumee: „Herr Hasenöhrl, der die Funktion von Salzburgs Bürgermeister und die des Landeshauptmannes auf sich vereinigen zu wollen scheint, ist untragbar geworden für Menschen, denen ein Mindestmaß an Anstand, Toleranz und Intelligenz wichtig ist."

> Inzwischen hat es dann doch etwas gegeben. Eine kriminalpolizeiliche Untersuchung gegen Frau Magdalena Schönauer, Mitglied der Literaturgruppe „prolit" und Mitorganisatorin einer Inseratenserie gegen die „Krone". Aber was beweist das schon. Vielleicht, daß die „Krone" nicht nur in manchen Punkten

ein dem äußeren Anschein nach relativ schwach entwickeltes Intelligenzniveau aufweist, sondern zudem noch humorlos ist? Ich möchte mich nicht entscheiden müssen, was schlimmer ist.

ich weiß, mein einfluß ist nicht groß
und unbeeinflußt bin ich selber nicht
ich sag ja nur, ich mein ja bloß
es fällt nicht ins gewicht

nur eines, bitt' ich, krone, dich:
laß meinen text in dir erscheinen!
so schenk ich dir vom wein den reinen
die leser lesen, freuen sich...

... weil wir jetzt zur Gretchenfrage kommen: Kann die Frage „Kommt der Salzburg Krone in Sachen Kultur Kompetenz zu?" mit „Ja" oder „Nein" erschöpfend beantwortet werden? Peinlicherweise wird dieses Thema von der Salzburg Krone selber immer wieder aufgeworfen, aber sie hat ja in Zukunft jede Menge Möglichkeiten, das Gegenteil zu beweisen.

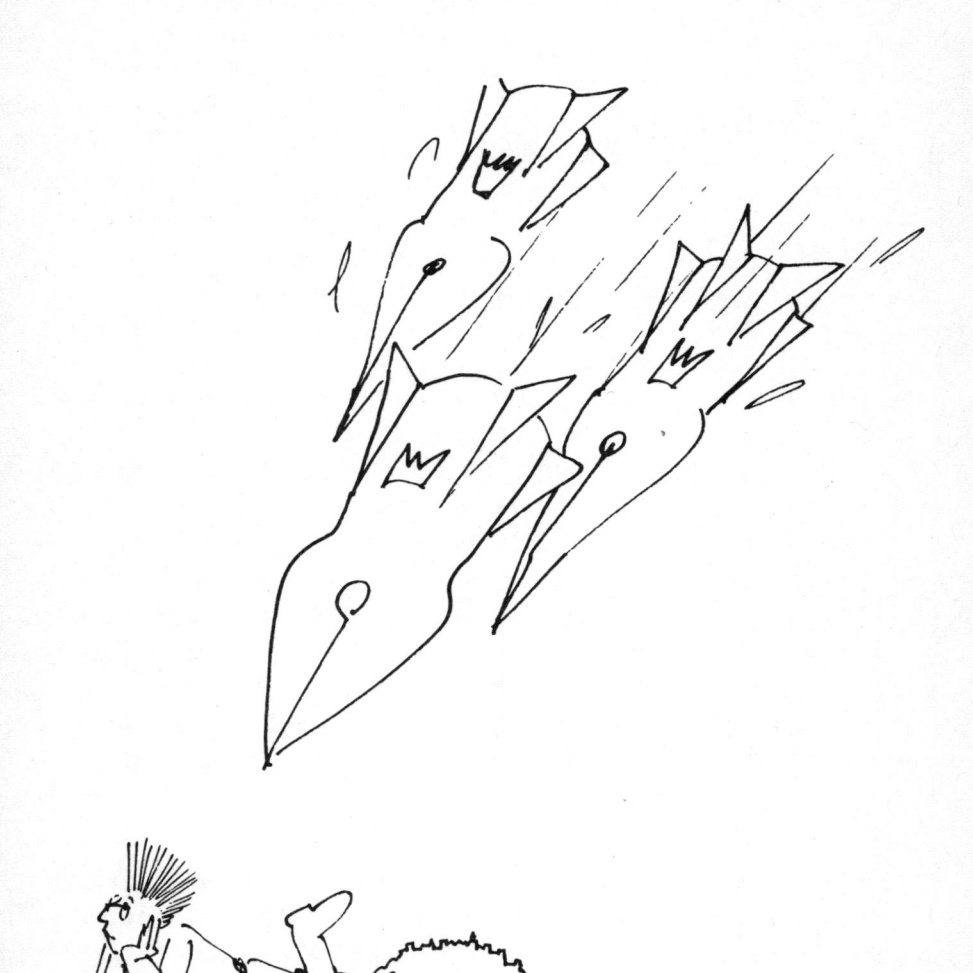

Mozart-Krieg einst und heute:
Zum kulturkämpferischen Einsatz des Genius loci

Gert Kerschbaumer und Karl Müller

Ein neuer Kulturkampf-Krieg schien ausgebrochen zu sein: die unabhängige Neue Kronen Zeitung fand in ihrer Ausgabe vom 10. September 1991 die Titel-Schlagzeile „In Salzburg tobt ‚Krieg' um Mozart". Es war ihre messerscharfe Benennung der Auseinandersetzungen, die – nach Ende des Salzburger Festspiels – anläßlich der „Einrüstung" des Salzburger Mozartdenkmals mit Einkaufswagen stattfand. Von Fronten, Attentaten, Massengräbern, vom Aufhängen, Abschaffen, Wegputzen („Weg damit"), Aufmarschieren, von Haß und Aggression konnte man diesbezüglich – auch in anderen Gazetten – lesen, bildhaft, wenn auch abgegriffen, versteht sich.

Der von der „Krone" aufgerissene Mozart-Kriegs-Zusammenhang liegt gar nicht so weit ab von historischen Tatsachen. Dem Blatt freilich sollte derartiges Wissen nicht unterstellt werden. Mozart und Krieg, besser Mozart als Vehikel zum vielfältigen politisch-ideologischen Einsatz in Kriegs- und Nachkriegszeiten, für einen solchen Zusammenhang bietet die Geschichte eine Reihe von Beispielen.

Dabei konnten die jeweils Verantwortlichen mit Trost- und Friedensbedürfnissen der Menschen hantieren: einer Welt, die am Rande des Todes steht, ist Mozart, ist die Kunst so nötig wie Wasser und Brot. Mozartsche Musik als Hoffnungs- und Überlebensmittel, als zeichenhafter Inbegriff des Lebens gegen Gewalt und Tod. So ist z.B. folgendes Vorkommnis zu verstehen: Jerusalem im Golfkrieg 1991, Sirenenalarm: der Geigenvirtuose Isaac Stern spielte ein Adagio von Mozart während und trotz eines Scud-Angriffes vor Konzertbesuchern, die sich mit Gasmasken schützten. Ähnliches ist auch bei Thomas Bernhard im Spiel, wenn es heißt:

> „Wie kann ich auch nur einen Augenblick daran denken, mich zu beruhigen, dachte ich, wenn alles in mir so voller Aufregung ist? Und ich versuchte es mit einer Schallplatte, mein Haus hat die beste Akustik, die sich denken läßt und ich füllte es an mit der Haffnersymphonie. Ich setzte mich und machte die Augen zu. Was wäre alles ohne die Musik, ohne Mozart! sagte ich mir. Immer wieder ist es die Musik, die mich rettet."
>
> (*Bernhard: Beton, 1982*)

Als kulturpolitische Münze wurde Mozart spätestens seit seiner säkularisierten Heiligsprechung im 19. Jahrhundert brauchbar. Die denkwürdige Enthüllung des Mozart-Denkmals auf dem Salzburger Michaelsplatz im September 1842 war ein erster marmorner Ausdruck des neuen Glaubens an den damals zum Genius loci stilisierten Toten. „Mozart und seine Unsterblichkeit", der neue Gott, seit damals „durch einsamer Straßen Sinnen (schreitend)",[1] wie es in der Salzburger Landeshymne heißt, wurde auf vielfältige Weise politisch-ideologisch verfügbar, über alle historischen Zäsuren hinweg.

---

[1] Anton Pichler: Salzburger Landeshymne: „Wie aus des Ringes goldenem Reifen/ funkelt der Demant, der Wunderstein,/grüßt aus der Hügel grünendem Streifen/Salzburg, die Feste im Morgenschein./Und wenn die Glocken den Reigen beginnen/rings von den Türmen vergangener Zeit,/ schreitet durch einsamer Straßen Sinnen/Mozart und seine Unsterblichkeit." (Strophe 2)

Das von Anton Thuswaldner hergestellte Denk-Mal beabsichtigte zwar vor allem, die seit 1945 zunehmende ökonomische Leichenfledderei in den Blick zu rücken, aber in der öffentlichen Auseinandersetzung wurden hauptsächlich die Eruptionen eines kleinbürgerlichen Geniekult-Syndroms, einer säkularisierten Heiligen-Tradition faßbar; eine verfestigte Anhimmelungs-Mentalität fühlte sich ertappt, besudelt und reagierte aggressiv.

Als Statthalter dieser Tradition fungierten dabei einige Salzburg-Redakteure der Neuen Kronen Zeitung, die Salzburger Handelskammer, einige kulturkämpferisch eingestellte Politiker und als Volkesstimme veröffentlichte Einzelmeinungen mit ihrer Mozart-Heiligkeits-Kriegs-Sprache.

Man schrieb das Jahr 1941. Es wurde gefeiert, und gleich zum Auftakt im Salzburger Dom mit Mozarts *Krönungsmesse*. Wo Kultur vernichtet wird, herrscht demonstrierter unbeugsamer Kulturwille – durch Aktionen wie „Mozart ins Volk" und die Salzburger Festspiele 1941: *C-moll-Messe*, *Krönungsmesse*, *Zauberflöte*, *Figaros Hochzeit*, *Don Juan* und *Rosenkavalier* in der Stiftskirche St. Peter, im Salzburger Dom oder im Festspielhaus. Über dem Publikum aus Trägern hoher Kriegsauszeichnungen, Frontkämpfern, Verwundeten, Rüstungsarbeitern und Künstlern wie Josef Weinheber, Georg Rendl und K. H. Waggerl thronten die Repräsentanten eines Regimes, der Propagandaminister, ein Reichsleiter, Generäle, SS-Führer und der Salzburger Gauleiter.

Der Mozart-Film *Wen die Götter lieben* ... gelangte erst mit einiger Verspätung zum Mozartfeierjahr 1941 im Musentempel der Stadt Salzburg zur Reichsuraufführung. Die Jugend, verhimmelt und mißbraucht von den Göttern, marschierte zur allabendlich über Front und Heimat erklingenden Musik Mozarts auf den Schlachtfeldern Europas in den Tod.

„Unser Kampf im Osten, Sinn und Sendung" – Diesen Titel gab der österreichische Dichter Bruno Brehm einem Festvortrag, den er im Oktober 1941 beim Deutschen Dichtertreffen in Weimar hielt. Dem Krieg, so wollten es die obersten Kriegsführer, mußte ein *Sinn* gegeben werden.

Die Erde sei den Menschen nicht gegeben als eine Stätte faulen Friedens, sondern als ein Kampfplatz zur Bewährung, hatte das Wiener Kirchenblatt auf die Frage, warum Gott den Krieg zulasse, im Jahre 1940 noch orakelhaft geantwortet. Ein Jahr später reihte sich die katholische Kirche in die ideologische Phalanx der Sinnstifter ein. „In dem ungeheuren Ringen an der Ostfront führt Deutschland nicht bloß einen Kampf gegen ein Reich, das seine Untertanen in bisher unerhörtem Maß unterdrückt, sondern gegen eine Weltanschauung, die für die ganze abendländische Kultur von nicht abzusehender Gefahr ist." (*Hirtenbrief der katholischen Bischöfe Österreichs vom 27.11.1941/Österreichs Kirchen 1938-1945/NS-Herrschaft in Österreich, 529*)

Der unmittelbar vor der Eröffnung der Mozartfeier in Wien verfaßte und zur Verlesung in den Kirchen bestimmte Hirtenbrief verlieh dem Raubkrieg der Nazis den Charakter eines heiligen Kreuzzuges. In einer Rede des kroatischen Außenministers kam diese Deutung explizit zum Ausdruck.

Das in Kroatien installierte katholische Ustascha-Regime hatte mit dem Morden schon begonnen. Edmund Glaise-Horstenau, k.u.k. Generalstabsoffizier im Ersten Weltkrieg, Deutscher General und Vertreter der Wehrmacht beim Ustascha-Regime in Agram von 1941 bis 1944, vermerkte: „Judenfrage sehr verschiedentlich gelöst, verhältnismäßig gründlich in Agram ... ." (*NS-Herrschaft in Österreich, 343*) Und der *Völkische Beobachter* meldete lakonisch: „Agram wird gesäubert. An Stelle der Agramer Synagoge, die abgetragen wird, soll im Stadtzentrum ein moderner Kunstpavillon errichtet werden." (*Völkischer Beobachter, Wien 2.12.1941*)

Auch die Vertreibung und Ermordung von 1,8 Millionen Serben war bereits in Gang. 200.000 Serben wurden von den Ustaschi regelrecht abgeschlachtet. Das KZ Sabac mit über 17.000 Menschen diente als Geiselreservoir. Unter den KZ-Insassen befanden sich 600 österreichische Exilanten, meist Juden. Die Wehrmacht erschoß alle erwachsenen männlichen Geiseln. Frauen und Kinder wurden wenige Monate später im KZ Semlin bei Belgrad vergast.

In den von der Aura des alten Reiches, Habsburg-Österreichs, umhüllten Stätten in Wien wird gleichzeitig unter der Schirmherrschaft des Reichsministers Joseph Goebbels und des Reichsleiters Baldur von Schirach vom 28. November bis 5. Dezember 1941 die Mozartwoche des Deutschen Reiches mit solemn-feudalem und internationalem Gepräge durchgeführt.

Zwischen der Gewalt und der Kultur bestand eine enge Beziehung. Der Haß, die Rache und die Schuld wurden auf die Opfer, die Glücks- und Heilserwartungen auf die Waffentechnik, die Kunst, die Genies, auf Mozart und die politischen Führer, auf ein sakralisiertes Faszinosum projiziert. Während im Windschatten des Kreuzzuges gegen den „kulturlosen und vertierten Osten" Millionen von Menschen bestialisch ermordet und alte europäische Kulturen zerstört wurden, zelebrierten das Deutsche Reich und die befreundeten Nationen in Wien einen Gedenktag, den 150. Todestag des „größten apollinischen Meisters und Beglückers der ganzen musikempfänglichen Welt", so Franz Karl Ginzkey in seiner Festrede zu Schönbrunn. Mozart und Hitler waren im Begriff, die Welt zu beglücken bzw. zu vernichten.

Der *Völkische Beobachter* verknüpfte auf seiner Frontseite Mozart und Krieg: „Schirach eröffnet die Mozart-Woche des Deutschen Reiches" (Bericht unter der Schlagzeile „Wir rufen die Jugend zum Krieg für ihre Kunst" und Rede Baldur von Schirachs „Zum Ruhm des Reiches"), „Deutschlands Abschied von Werner Mölders" (... „von dem Tapfersten der Tapferen, dem in 115 Luftkämpfen Siegreichen und auch in seinem tragischen Tode Unbesiegten") und „Durchbrüche an der mittleren Ostfront" (*Völkischer Beobachter, Wien 29.11.1941*).

Schirach behauptete, daß der unaufhaltsame künstlerische Wiederaufstieg Wiens in der Mozart-Woche seinen Ausdruck finde. Dies sei kein Lokalpatriotismus, sondern geschehe zum Ruhme des Reiches. Nach der Verkündung des Programmes der Wiener Kulturarbeit stellte er die rhetorische Frage, was der Feind an kulturellen Leistungen aufzuweisen habe, um einen Anspruch auf die Übernahme der Führung der abendländischen Kultur zu begründen. Er attestierte den Staaten Großbritannien und USA sowie dem Kommunismus kulturelle Sterilität, Unfruchtbarkeit des Geistes u.a. mehr. „Wir aber sind eine schöpferische Nation und mit den anderen schöpferischen Völkern Europas durch gemeinsame Ideale verbunden."

Schirach beschwor Mozarts sittliche Kraft, die er mit der Tat der grauen Helden gleichsetzte, die in der grimmigen Kälte des Ostens als Soldaten des tapfersten Heeres dieser Erde ihren Auftrag ausführten. Diese Beschwörung würde eine Handlung im Sinne der kämpfenden Soldaten bedeuten, und umgekehrt: „ ... denn wer für Deutschland das Schwert zieht, der zieht es auch für ihn!" Schirach schloß mit pathetischen Worten: „Heute erklingt hier ein Name, aber er spricht für Deutschland und bedeutet ein Glück für die ganze Welt: Wolfgang Amadeus Mozart. Zu seinem Gedächtnis haben wir uns versammelt. In seinem Zeichen rufen wir die Jugend Europas zum Krieg für ihre Kunst! (Starker Beifall)." (*Protokoll der Rede Schirachs*)

Karl Böhm und das Wiener Stadtorchester besorgten die Auftrittsmusik für den Kunst- und Mordstifter. Auch Joseph Goebbels modelte in der Wiener Staatsoper mit klassischer Untermalung den Raub- und Mordzug von Wehrmacht und SS in einen Verteidigungskrieg um: „Die Musik Mozarts gehört zu jenen Werten, die unsere Soldaten gegen die aus dem Osten anstürmenden Barbaren verteidigen. Die harte Welt unserer Gegenwart sei unser Schicksal, die klingende Welt Mozarts unsere Sehnsucht!" (*Neues Wiener Tagblatt, 5.12.1941*)

Das festliche Wien unter Baldur von Schirach und Joseph Goebbels stellte sich als Zentrum und Bollwerk abendländischer Kultur dar. Der „Wiener Mozart-Weltkongreß" war Ausdruck dieses Metropolenwahns.

Weniger europäisch und kosmopolitisch gebärdeten sich einige Wiener Wissenschafter. Nationalistische und rassistische Auswürfe sind, gedämpft und dosiert, in den Elaboraten „Das Ahnenerbe" von Erich Schenk, „Mozarts deutscher Weg" von Alfred Orel und „Mozartpflege" von Heinrich Damisch anzutreffen. Daneben ist auch der Wiener Metropolenwahn eingedrungen. Damisch propagierte die Idee von einer Kulturolympiade im Zeichen Mozarts, die bereits das Szenario der Mozart-Reichsfeier prägte. 18 Fahnen umschlossen das Huldigungsritual. Alle Namen jener Völker, die erobert waren, sich unterworfen oder arrangiert hatten, wurden aufgerufen.

An Mozarts olympisch-europäischem Wesen sollte die Welt genesen. Die von den Bannerträgern zur Heilung der kranken Welt benutzten Mittel waren alles andere als friedlich. Während die kunstsinnigen Kriegsführer die ersten Gasöfen erprobten und die Jugend in fremden Ländern in den Tod schickten, beglückte die Musik Mozarts das Reich des schönen Scheins. „Denn man urtheilt bey hofe nicht nach den Umständen, sondern leider blos nach dem Schein." (*Mozart, 1790*)

In der Großen Galerie des Schlosses Schönbrunn, in der einst der sechsjährige Wolferl im Staatskleid der Kaiserin Maria Theresia vorspielen durfte, hielt der Dichter Franz Karl Ginzkey die Festrede *Mozarts unsterbliche Sendung*: „Er (Mozart) führt uns den Weg ins Licht, er weist uns an, das Finstere und

Verwerfliche auf dieser Welt so wie mit dem Schönmaß des Klanges auch mit der Reinheit des Gewissens zu überwinden." (*Druck der Wiener Bibliophilen-Gesellschaft, Wien 1942, 15*)

Nachdem sich Ginzkey mit Mozart das Gewissen gereinigt hatte, beschwor er wieder das Finstere und Verwerfliche.

F. K. Ginzkey: *Heimkehr des Panzerschützen*

Donnernd durch ein Meer von Blut und Feuer
Zog er seines Sieges wilde Spur.
In ein Höllenchaos ungeheuer
Lag verkrampft der Mensch und die Natur.

Treu der Pflicht, das Äußerste zu wagen,
Hieß er schweigen seines Herzens Not.
Tod zu säen war ihm aufgetragen
Und er säte unerbittlich Tod.

Aber nun, in seines Dorfes Frieden
Da er heimgekehrt für kurze Zeit,
Milder Augen Gruß ist ihm beschieden.
Sorglich prüft er, wie das Korn gedeiht, ...

Schiebt besorgt ein Käferlein zur Seite,
Daß kein Fuß es unbedacht zertritt. –

Wie vermag er, der so wild gestritten,
Nun so harmlos wie ein Kind zu sein? ...

Zwischen deinem Töten, deinem Schonen,
Klafft, o Mensch, kein Widerspruch.
Laß dein Herz in deiner Stärke wohnen
Und du schreibst dich recht in Gottes Buch.

Am 5. Dezember 1941 erreichte das gewaltige Fest den Gipfel der Scheinheiligkeit, Kulturheuchelei und Selbstbeweihräucherung. „Zum 150. Todestag Mozarts: Flaggen heraus!" Reichsleiter Schirach legte im Auftrag des größten Feldherrn am Abgang zur Krypta von St. Stephan einen Kranz mit roten Schleifen und der Aufschrift „Adolf Hitler" nieder. Glockengeläut des Stephansdomes und anderer Wiener Kirchen krönte die Huldigung des Genius der europäischen Kulturfront. Der durch diese Klangwolke quasi sakralisierte Akt im Bollwerk abendländischer Musik hatte zu dokumentieren, daß die Völker zu einem gegen den gemeinsamen Feind unsprengbaren Block zusammengeschweißt wären. Wilhelm Furtwängler dirigierte am 5. Dezember 1941 Mozarts *Requiem* im Großen Musikvereinssaal.

Musik und Massenmord, Mozart und Krieg, *Requiem* und Barbarei – zwei unvereinbare Welten, über die Karl Kraus schon 1915
Beim Anblick eines sonderbaren Plakates räsonierte:

Seht dies Plakat, das Mozarts Requiem anzeigt.
Täuscht mich mein Auge nicht – so ist's ein Mörser!
Ein Kirchenfenster ist es nicht; seit Mörser
beschäftigt sind, gibts keine Kirchenfenster;
dem Zweck, dem das Erträgnis zugedacht ist,
dem wohltätigen Zweck dient wohl der Mörser.
Das Ornament hat hier genug Verstand,
zwei Deutungen zur Auswahl zuzulassen:
die fromme für den wahrhaft frommen Zweck
und für den Zweck, dem jedes Mittel heilig,
die aktuelle. Ich entscheide mich
für die. Kein Zweifel, jene ist ein Vorwand,
die Wahrheit diese nur. ...
Mozart und Mörser! Wer hat diese Welten
vereinigt, wer hat es vermocht, wer rühmt sich?
„Zu haben beim Buchhändler Hugo Heller." ...
Sie weinten zu der himmlischen Musik
und glaubten immer noch, es sei von Mozart,
nicht von dem Mörser, nicht von dem und jenem,
von beiden nicht, weil das unmöglich sei,

weil nur der Teufel diese List erfand,
den Himmel mit der Hölle anzuschwärzen,
weil Mozart schweigt, sobald ein Mörser singt,
kein Mörser schweigt, wenn Mozart wird gesungen, und
weinten zu dem Völkischer Beobachter Europas,
und glaubten immer noch, es sei von Mozart.

(Die Fackel, 5.10.1915)

Im Jahre 1941 brach für Behinderte, Zigeuner, Zeugen Jehovas, Juden und andere Menschengruppen, die zu Ratten, unnützen Essern und Ungeziefer erklärt worden waren, die schlimmste Zeit ihres Lebens an. Bis zur pompösen Reichsfeier in Wien wurden mehr als 130.000 Österreicher vertrieben oder deportiert, erschossen oder vergast.

27. Jänner 1956 – „Flaggen heraus für Mozart!" Lückenlos befolgt hatten Kirchen, Bürgerhäuser, Geschäfte und Ämter den Aufruf – im Wissen um das gute Geschäft, um den Marktwert des laut Theodor Körner größten österreichischen Künstlers. Seine Todesbereitschaft inmitten aller Lebensfröhlichkeit sei vielleicht der edelste Ausdruck des Österreichertums und seiner ehrwürdigen Kultur, meinte Bernhard Paumgartner. Geschäft, Politik, Kultur und Religion marschierten meist im Gleichschritt. Indem der Salzburger Erzbischof den 200. Geburtstag des größten Sohnes Salzburgs zu einem Landesfeiertag, quasi Patrozinium erhob, bekam Mozart den Rang eines Landesheiligen zugesprochen.

> „ ... Und dann der Dom, bis auf den letzten Platz gefüllt, mit den österreichischen und päpstlichen Fahnen geschmückt. Erzbischof Dr. Rohracher, mit barocken Gewändern aus der Mozart-Zeit und der Kaiser-Mitra angetan, zelebriert mit großer geistlicher Assistenz das feierliche Hochamt. In einem roten Fauteuil, links vor dem Altar, der Bundespräsident, hinter ihm zahlreiche Mitglieder der Bundesregierung, gegenüber die Ritter vom Heiligen Grab

und das Diplomatische Corps mit dem Doyen, Nuntius Dellepiane. Unter der Leitung von Domkapellmeister Josef Messner erklingt die Krönungsmesse." (*Die Furche*, 4.2.1956)

Die Festreden, gehalten nach dem Proporzsystem, strotzten vor Plattheiten über Mozart, Österreich, Gott und die friedliche Koexistenz. Die Galavorstellungen unter der Stabführung alt- und weltbekannter Stardirigenten, die Aufführung der Festoper Idomeneo unter Karl Böhm und die blendende Virtuosität im Karajan-Konzert bildeten eine groteske Mischung aus Perfektion und Ignoranz gegenüber der Fülle des Mozartschen Erbes und der zeitgenössischen und modernen Musik.

Mozart hätte der gesamten Kulturwelt gehört, deren Mitte Salzburg gewesen wäre – ein Wallfahrtsort der Welt, der sich im ewigen Licht des Götterbuberls suhlte. Paumgartner beendete seine Festrede mit den Worten:

„ ... Das lichte Reich seiner Musik hat - wie alles im Schoß der Urgesetze Beheimatete, kein Aufhören. Als holdseliger Heros ewig junger Frühlingskraft lebt Mozart unvergänglich, geheiligt und geliebt in unseren Herzen. Erhebendes Los der Nachwelt, Glück unserer Gegenwart, Beseeligung der Zukunft, ihn immer inniger zu erkennen, auf den Schwingen seiner Töne des göttlichen Odems allgegenwärtiger Schöpferkraft immer teilhafter zu werden! -"
(*B. Paumgartner: W. A. Mozart. Festrede gesprochen beim Staatsakt im Salzburger Festspielhaus am 27.1.1956, Salzburg 1956*)

Diese Passage übernahm Paumgartner aus dem Schlußkapitel seines 1940 in Berlin und Zürich publizierten Mozart-Buches, allerdings nach kleineren Korrekturen (z.B. „Schöpferkraft" statt „Schöpfergewalt"), die den damaligen Zeitgeist ausblendeten.

Den Ehrenschutz über den „Internationalen Musikwissenschaftlichen Kongreß Wien – Mozartjahr 1956", Bestandteil des „Internationalen Mozartfestes", hatte Bundespräsident Dr. h.c. Körner übernommen. Die Vorbereitung und Durchführung des von 25 Nationen beschickten völkerverbindenden Kongresses lag in den Händen des Wiener Ordinarius für Musikwissenschaft Erich Schenk. Der Kongreß hätte eindringlich dokumentiert, daß Wien auch heute noch als Zentrum wissenschaftlicher Forschung, weltweite politische Gegensätze spielend überwindend, Anziehungskraft auszuüben vermöge.

„Die Atmosphäre des Kongresses war friedlich. West- und Ostdeutsche saßen nebeneinander in liebenswürdigstem Gespräch und klatschten einander artig Beifall."   (*Die Furche, 16.6.1956*)

„Und ich überlieferte mein Wissen den Machthabern, es zu gebrauchen, es nicht zu gebrauchen, es zu mißbrauchen, ganz wie es ihren Zwecken diente."   (*Bertolt Brecht: Leben des Galilei*)

Mozart-Stunde: Ein Schauspieler deklamierte Texte von Franz Karl Ginzkey aus dem Band *Genius Mozart*, der auch des Dichters Festrede *Mozarts unsterbliche Sendung* zur Reichsfeier 1941 im Schloß Schönbrunn enthält, allerdings in einer austrifizierten Fassung. (*F.K. Ginzkey: Mozarts unsterbliche Sendung. Festrede zur Mozartwoche des Deutschen Reiches, 1941. – Ders.: Genius Mozart, Wien 1949*)

Mozarts „deutsches Bekenntnis" verwandelt sich in „heimatliches" und seine „junge, deutsche Seele" in „junge, ahnende". Eine Stelle war nicht so leicht und elegant zu manipulieren, sie verschwand: „Dabei erwäge man immer die Zeit, in der dies geschah. Wie fern lag ihr noch jede nationale Regung, ja jede deutsch-volkhafte Betonung überhaupt." Und Ginzkeys Wir-Perspektive, die eines Nationalsozialisten von Hitlers

Gnaden, erhielt ein der Wende und der österreichischen Seele entsprechendes Attribut: „Wir Ö s t e r r e i c h e r schließen ihn (Mozart) noch besonders in unsere Seele ein als einen uns organisch zugehörenden Teil des Besten, was wir besitzen."

Indem Franz Karl Ginzkey, ein Kulturrepräsentant in allen Systemen, die Mozart-Bilder – vom Wegbereiter und Propagandisten des Deutschen Reiches zum Großösterreicher – auswechselt, fälscht er die eigene Biografie. Nicht zu fälschen war hingegen der aus dem Jahr 1942 stammende Text *Heimkehr des Panzerschützen*. Ginzkey verkörperte die deutschnational-österreichische Identität des Salzburger Bürgertums. Die Stadt und das Land Salzburg, die Internationalen Ferienkurse für deutsche Sprache und Germanistik und die Salzburger Kulturvereinigung feierten den 85. Geburtstag von Ginzkey, der nicht nur das Wunderkind Wolferl im Staatskleid besungen hatte, sondern – als NSDAP-Mitglied – auch die Gewalt, das Morden unter dem Hakenkreuz. Der Germanist Adalbert Schmidt hielt den Festvortrag. Der Kulturredakteur Max Kaindl-Hönig deutete den Festakt als ein „hochkultiviertes Familientreffen: alt und jung vereint mit dem fünfundachtzigjährigen Oberhaupt einer gleichgesinnten, gleichgestimmten Lesergemeinde. Man hätte sagen können: das sind die Ginzkey'schen, heil ihnen, sie feiern eine frohe Stunde!" (*Salzburger Nachrichten, 18.10.1956*)

Glanzvolle Auftritte hatten am 27. Jänner 1956 zwei Dichter, Pert Peternell und Augustin Ableitner, deren zynische und rassistische Machwerke für jedermann in der Salzburger Studienbibliothek zugänglich waren.

Ja, endlich sind sie abgetreten, die Systemeriche, die
Österreichlinge, und wer den rettenden D-Zug nicht erreichte,
kommt schnell und billig nach ...
Dachau
Dachau ist eine zünftige Gegend

und sehr gesund, appetitanregend.
(A. Ableitner: *Peggy, mein schnaubendes Pferd, und wie es mich getragen hat durch Österreich, den Ständestaat,* 1939)

Das Gespann Peternell-Ableitner las zum Jubeltag aus Peternells Mozart-Roman *Last der Gnade* (1954) bzw. *Besinnliches.* 1941 hatte Peternell u.a. einen Salzburger Paracelsus-Roman mit dem Titel *Der König der Ärzte* veröffentlicht, der bis 1943 sogar drei Auflagen erlebte und deutsch-völkische Freund- und Feindbilder enthielt, die den Erwartungen und Kriterien der NS-Literaturkritik entsprachen und deswegen auch vom NS-Jahresgutachtenzeiger der sog. Rosenberg-Reichsstelle „positiv" bewertet wurde. Zugleich betätigte er sich in der Salzburger Presse als Kriegspropagandist gegen England und Frankreich.[2] Enttäuscht von „klerikaler Heimtücke" und von der Sozialdemokratie, wie Peternell in seinem Aufnahmeantrag in die Reichsschrifttumskammer schrieb, war er zur NSDAP gestoßen.

Die Last der Gnade (1954) erzählt die Lebensgeschichte der Mozarts bis zum Tod Leopolds. Bemerkenswert ist, daß sich Peternell antijüdisch gefärbtem Ressentiment nicht enthält, indem er die Person des deutschen Mozart gegen den undeutschen, unsteten, unverläßlichen, bloß nachschöpferischen, hinterlistigen und bloß auf materiellen Gewinn schielenden Lorenzo da Ponte ausspielt. Peternells *Die Last der Gnade* war 1955 das meistgekaufte Werk des weihnachtlichen Buchmarktes, wußten die *Salzburger Nachrichten* zu berichten.

1956 erschien ein weiterer Mozart-Roman aus der Feder Peternells: Die *Gefährtin der Unsterblichkeit* erzählt die Wiener Jahre Mozarts bis zu dessen Tod und im letzten Kapitel die

---

[2] Pert Peternell/Erich Czech (Ech/Ell): Gesichter und Gelichter. Kleiner Beitrag zu französischer Rassenkunde, SV 25.6.1940, S. 3.
– Der Räuber Matthias Kneißl, SV 17.2. 1940, S. 4.

weitere Lebensgeschichte der Constanze als Madame von Nissen sowie die feierliche Denkmalsenthüllung auf dem Salzburger Michaelsplatz im September 1842. Peternell schildert eine alle Klassen und Stände umfassende Huldigung. Mozart wird als Heiligen-Figur auf einen Ersatz-Altar gehoben. Blumengirlanden, kostbare Teppiche, Trompetensignale, Böller-Salven, Kerzen, ein Fackelzug, ein flammendes „M" bildend, und die Kulisse der Stadt begrüßen Mozart als einen in die Welt herabgestiegenen und anwesenden Gott. Das Volk, die gebildeten, die reichen Bürger und die weltliche und kirchliche Herrschaft schaffen sich eine Identifikationsfigur. Ihr Blick ist wie eh und je nach oben, diesmal auf einen Kunst-Heiligen, gerichtet. Die beiden Söhne Mozarts, Wolfgang und Carl Thomas, läßt der Autor schließlich durch die schöne Stadt wandeln und den die Stadt durchwehenden Genius Mozarts „schweigend und verträumt" erleben, sozusagen als Handlungsanleitung für den Leser.

Salzburg im Golf- und Balkankriegsjahr 1991: Die Regale der Supermärkte quellen über. Das Konterfei Mozarts prunkt auf fetten Streichwürsten. Die Internationale Stiftung Mozarteum gründet im Todes-Jubeljahr ihre kassenfüllende „Mozart-Haus Handels- und Versandgesellschaft GmbH" – die Stiftung macht dabei eine Kehrtwendung um 180 Grad, denn noch 1956 war sie die Betreiberin der LEX MOZART, die die Vermarktung des Komponisten verhindern sollte. Während Kulturstädte am Golf und Balkan zerstört werden, feiert und vermarktet Salzburg seinen Genius. Die Bodenspekulation und der Mietwucher gedeihen, die Wohnungsnot steigt, mit Fremdenfeindlichkeit und Fremdenhaß läßt sich wieder politisches Geschäft betreiben. Das Mozart-Denkmal wird in ein Drahtgeflecht gewickelt: Krieg um Mozart.

Anton Thuswaldners Installation verwandelt das quasi-sakrale Denkmal zum Denk-Mal. Die Kämpfer gegen die Zerstörung der Denkmal-Aura verteidigen Mozart als eingebildeten Ruhepunkt und als Symbol für eine Insel-der-Seligen-Mentalität, für ungestörtes Einkaufsglück, harmonische Träume, zukleisternden Schönklang und übertünchende Reinheit. Sich-Abschotten und Mauern vor einer bedrängenden Wirklichkeit – eine Methode, die Verantwortlichkeit für das eigene Tun und Handeln aus dem Blick zu rücken. Die Mozart-Denkmal-Verteidiger vollziehen reflexartig und in kriegerischer Rhetorik das tradierte Mozart-Heiligtums-Gesetz. Peternell formulierte dieses in seinem Roman *Gefährtin der Unsterblichkeit* (1956) – unironisch-gediegen-pathetisch – so:

> „Sigismund Ritter von Neukomm, der mit großer Geste Haupt und Arme himmelwärts gehoben hatte, drehte sich gleich einem Hohenpriester zum Denkmal um. 'Es falle die Hülle, und Mozarts Bild strahle fort, ehrend und geehrt für alle Zeiten!' Neukomms Arme fielen schlaff herab, langsam sank die Hülle von dem Denkmal. Wolfgang Amadeus Mozarts Figur gleißte überlebensgroß in der scheidenden Sonne." (403)

Im Lichte der Vorkommnisse vom September 1991 wird die Tiefe der Zeiten im Stillstand spürbar und erhält jener quasi-metaphysische Trivialsatz, mit dem Peternell im Mozartjahr 1956 seinen Roman abschloß, eine überraschende Bedeutung:

> „Denn klein ist in Salzburg der Schritt vom Heute ins Gestern, klein wie jener von der Vergangenheit zur Gegenwart. Vor der harmonischen, unvergleichlichen Szenerie der Mauern und Felsen, der Kuppeln und Türme versinken die Jahrhunderte, verharrt die Zeit ..." (404)

Der vorliegende Beitrag ist z.T. eine Auswahl aus dem im Frühjahr 1992 im Verlag für Gesellschaftskritik/Wien erscheinenden Buch der beiden Verfasser: Begnadet für das Schöne. Der rot-weiß-rote Kulturkampf gegen die Moderne.

Entwurf:
Ludwig v. Schwanthaler
Ausgeführt:
B. Stiglmayer
Enthüllung 1842 im
Beisein der Söhne Mozarts.
Constanze ist im
März desselben
Jahres gestorben

Die Ähnlichkeit
des Kopfes mit
Mozart ist
nur als bedingt
anzusehen.

Mozart bei Halbmond
Anthony Burgess

Mendelssohn: Shalom, meine Herren. Sie sind gerade angekommen?

Esh: (überstürzt) Wir sind das Grazioso Quartett aus Tel Aviv. Ich bin Chaim Esh, erste Geige. Ephraim Katz, zweite. Hyam Cohen, Bratsche. Berel Kitaj, Cello. Natürlich wissen wir, wer Sie sind. Wir probten gerade das Quartett in B-Dur – „Die Jagd", wie es heißt, KV 458 –, als eine Scud in Berels Wohnung einschlug. Saddam Hussein, der Tyrann von Bagdad, hatte sie abgeschossen. Unsere Instrumente wurden ebenso wie unsere Leiber zerschmettert. Schade. Leiber sind billig, nicht aber Instrumente. Wir hatten vor, alle Mozartquartette zu Ehren des zweihundertsten Geburtstags zu spielen. Der Golfkrieg kam zu einem schlechten Zeitpunkt. Ungelegen. Moslemische Grausamkeit stellt sich der Destillation westlicher Kultur entgegen.

Cohen: Man könnte auch sagen, daß der zweihundertste Geburtstag zu einem schlechten Zeitpunkt kam.

Kitaj: Zweihundertste Geburtstage werden von einer verbindlichen Neutralität verfügt. Aber ich verstehe, was du meinst. Wir hatten die Reise nach Jerusalem gestrichen, um in Tel Aviv zu proben. Aber auf dem Weg nach Jerusalem hätten wir womöglich einen Autounfall gehabt. Einen Termin in Samara. Der Tod ist weder hier noch da. Die Musik bleibt.

Katz: Auch ohne ihre Spieler?

Esh: Gott hat sie im Kopf.

Katz: Das bezweifele ich. Mozarts Quartette waren allzu menschlich. Ein zivilisiertes Gespräch zwischen vier Menschen in einer Sprache über der Sprache. Die Menschlichkeit lag darin, daß jeder gleich viel zu sagen hatte. Keine erste Geige meditierte oder gab den Ton an, während der Rest in demütiger Begleitung zupfte oder sägte. So sollte Zivilisation aussehen.

Mendelssohn: Es heißt, die Genialität, die Zivilisationen schaffen kann, sei die Genialität, die sie zerstört. Die Fertigkeit, die Geigen gebiert, ist die Fertigkeit, die Kanonen produziert. Wie auch immer, hier ist die Musik eine Idee in Gottes Geist, wie auch wir. Doch wir müssen den Verlust des Knarrens des geharzten Bogens beklagen, das köstliche Aufzittern des Einstimmens. Gleichwohl kommen Sie an einen Ort ohne Bitterkeit.

Esh: Wenigstens hätte Saddam Hussein uns nicht ausgerechnet mitten im zwanzigsten Takt des langsamen Satzes treffen müssen. Es gibt so etwas wie Anstand. Aber woher sollen Moslems davon etwas wissen?

Mendelssohn: Dann gab es also nie Hoffnung auf eine friedliche Koexistenz?

Katz: Konnte man denn vom Islam erwarten, Mozart zu achten? Dieser Golfkrieg hat nicht einfach nur eine Bedeutung als Krieg. Er steht für eine tiefe Kluft zwischen den Kulturen. Die wird nie geschlossen.

Mendelssohn: Aber was sollte dann Mozart uns Juden bedeuten?

Esh: Verzeihung, Sie sind als Jude geboren, wurden aber Christ. Oder Ihr Vater. Ein Apostat, wenn ich das mal sagen darf.

Mendelssohn: Die Nazis verkehrten die Situation. Egal,

das Christentum ist nicht mehr als eine jüdische Häresie, die man erträgt, wenn nicht gar annimmt. Wir alle sind Musiker, die die Kunst einer christlichen Kultur vergöttern. Vermutlich haben Sie alle in Orchestern gespielt, die Chöre begleiteten, die christliche Texte sangen.

Katz: Eine jüdisch-christliche Kultur läßt Toleranz zu. Sollte sie jedenfalls. Dieser bösartige Islam bejubelt jedenfalls die Kluft, die ihn vom Westen trennt. Von dort können wir nie Toleranz erwarten. Und was die europäische Toleranz angeht, da ist uns immer mulmig. Mir ist manchmal mulmig, wenn ich Mozart spiele. Eine Taubheit kriecht in meine Finger. Das kommt davon, was mit meinem Vater passiert ist. Er war Geiger wie ich. Sie peitschten ihm die Hände, weil er es wagte, Mozart zu spielen. Mozart war deutsches Gut, also Nazi. Manchmal denke ich, wir Juden sollten zum *toph* und zum *nebel*, zum *ugab* und *halil* zurückkehren, was immer das auch war. Wir haben uns hellenisiert. Zum Gottesdienst müssen wir sogar an einen Ort mit griechischem Namen. Und Harmonie und Kontrapunkt und die Arbeit der Geigenbauer des christlichen Cremona zurückzuweisen, würde bedeuten, das Barbarentum der Moslems anzunehmen. Selbst im jüdischen Homeland akzeptieren wir die Diaspora.

Mendelssohn: Ich halte mich noch immer an die Sichtweise des progressiven neunzehnten Jahrhunderts. Die westliche Musik ist die einzige Musik, die fähig ist, universelle Gefühle auszudrücken. Nun haben wir aber Gelehrte, die bereit sind, die *mathna* und die *mutlaq* und die *sabbaba* und die *wusta* und die ganzen übrigen islamischen Monstrositäten ernst zu nehmen. Solche Mißtöne könnten nie einen Mozart hervorbringen.

Esh: Auf unseren Geigen gibt es mehr als Halbtöne. Ein Fis ist kein Ges. Die Zukunft der Musik mag durchaus darin liegen, daß man barbarischen Beispielen folgt. Das feine Spalten des Halbtons. Doch vorerst müssen wir uns mit der temperierten Tonleiter zufriedengeben, die Mozart gut genug war.

Wir mögen Kinder des Nahen Ostens sein, doch wir akzeptieren, daß wir verpflanzter Westen sind. Welche Musik drückt besser aus, wofür die nichtislamische Welt steht, als die Musik Mozarts?

Cohen: Der Koran verbietet jede Musik.

Esh: Verzeihung, das tut er nicht, wenngleich er sie nicht als Attribut des Gottesdienstes empfiehlt. Es waren die puritanischen Anhänger des Propheten, die die Musik von Instrumenten ein verbotenes Vergnügen nannten. Die *jank* oder Harfe und die Flöte oder *nay* oder *qussaba*. Übrigens haben sie die bei uns gestohlen, so wie sie die Kantillation der Psalmen gestohlen und dem Muezzin gegeben haben. Sie haben eine Art Musik, aber es ist eine Musik ohne Harmonie, Kontrapunkt oder den Himmel des Orchesters, wie wir sie kennen. Zwischen den Söhnen des Propheten und den Kindern der Heiligen Schrift verläuft eine grundlegende Trennlinie, und von dieser Trennlinie schreit die Musik zu Gott.

Mendelssohn: Wir haben hier eine Art Apartheid. Die Moslems haben ihr eigenes übersinnliches Himmelreich und sogar ihren eigenen Gott. Sie sind nun Bewohner eines komplexeren Himmelreichs. „Mit Deinem Chor aus Heiligen werde ich Deine Musik sein in Ewigkeit." Das hat ein Christ geschrieben. Die Prophezeiung ist für uns alle in Erfüllung gegangen. Wünschen Sie ein förmliches Willkommen?

Katz: Werden wir Mozart begegnen?

Mendelssohn: Gleich wird die Ewigkeit der Zeit ihre gnädige Ehrerbietung erweisen. Die Ewigkeit, wie der Dichter Blake sagte, liebt ihre Werke. Die Musiker der Welt, das heißt des Westens, versammeln sich, um Mozart spielen zu hören. Sie kommen nun, gereinigt und geweiht, um ihren Platz in diesem weiten Auditorium des Himmels einzunehmen. Palestrina, Monteverdi, der Mörder Gesualdo, Haydn, Wagner ...

Esh: Diesem Antisemiten wollen wir nicht begegnen.

Mendelssohn: Da ist Beethoven, wie er mit fünfzig war, verlottert, mit grauen Haaren, wirr wie seine Klavierdrähte,

Eigelb auf dem Hemd. Er hat so eine Theorie, nach der sich das Genie am besten durch Vernächlässigung der äußeren Erscheinung zeigt. Musik ist das Ding an sich, alles übrige ist leeres Phänomen. Wir sind geehrt – da kommt er und stellt sich ganz hinten bei uns hin.

Beethoven: Frisch eingetroffen?
Esh: Von Moslems himmelhoch gesprengt.
Beethoven: Dann sind also die Türken wieder am Machen. Warum ein Cembalo und kein Hammerklavier?
Mendelssohn: Mozart hat darum gebeten. Es ist vorzüglich gestimmt. Es gibt sogar himmlische Kerzen. Alles ist aus seiner Zeit. Er wird jeden Moment erscheinen. Nicht auftreten. Erscheinen. Da. Er erscheint.
Beethoven: O Gott, nein, nein. Diese Vulgarität, diese Sentimentalität –
Mendelssohn: Das habe ich nicht erwartet. Wie alt ist er? Fünf? Vier? Er klettert auf den Hocker, als wäre er ein Hügel.
Beethoven: Ach, mein Gott - das Wunderkind.
Mendelssohn: Und da erscheint sein Vater, vermutlich, um umzublättern. Seltsam. Das ist doch gar nicht Leopold Mozart.
Beethoven: O Gott.
Mendelssohn: Genau.

Beethovens Sonaten und Symphonien waren Dramen, Sturm und Spannung, Enthüllungen und persönlicher Kampf und Triumph. Der Messias aus Bonn, dessen Prophet nicht Mozart, sondern Haydn war, gehörte zu einer Welt, die danach strebte, sich modern zu machen. Beethoven schritt voran; Mozart blieb, wo er war.

Der Begriff „Rokoko" wurde auf Mozarts Musik angewandt, und man assoziierte dabei Nettigkeit, zuckersüßes Schmuckwerk, eine Sackgasse der Zerstreuung. Wir hörten bei seiner Symphonie Nr. 40 in g-Moll nicht sorgfältig genug hin. Wir hörten angenehme Laute, doch einer Sprache waren wir uns nicht bewußt. Wenn wir überhaupt von einer musikalischen Sprache reden, dann nur in einem metaphorischen Sinne, doch wurde vermutet, daß Beethoven und seine Nachfolger Botschaften aussandten, während Mozart lediglich mit Noten wirbelte. Musik kann nur dann richtig von Bedeutung sein, wenn ihr Sprache auferlegt ist, wie in einem Lied, einer Oper, einem Oratorium oder anderen Vokalgenres, oder wenn Sprache anbei verwandt wird – in Form eines literarischen Programms wie in Strauss' Tongedichten. Und dennoch gehen wir davon aus, daß Instrumentalmusik eine Bedeutung hat: Sie ist, wie Sprache es sein kann, auf ein Ziel hin organisiert: Dieses ist, wenn nicht ein semantisches, so doch gewiß ein ästhetisches, und ruft, wie die Sprache, geistige Wirkungen hervor. Sie unterscheidet sich von anderen Künsten und ganz erheblich von der Literatur dadurch, daß sie nicht gegenständlich ist. Gewissermaßen auf metaphorische Aussagen beschränkt, kann sie einen semantischen Inhalt nur durch Analogie haben.

Wie Ezra Pound betonte, verfällt die Poesie, wenn sie sich zu weit vom Lied entfernt, und Musik verfällt, wenn sie den Tanz vergißt. Von der Musik des achtzehnten Jahrhunderts läßt sich sagen, daß in ihr der Geist des Tanzes auf sein höchstes Niveau gehoben wurde. Im neunzehnten Jahrhundert verfiel der Geist zunehmend, und im Musikdrama Wagners, kann man sagen, hat er sich den Rhythmen des gesprochenen Diskurses untergeordnet. Paradoxerweise wurde der Geist des Tanzes in einem speziell für das Ballett bestimmten Werk liquidiert. *Le Sacre du Printemps* reduziert den Tanz auf ein vorgeschichtliches Herumgehüpfe, das sich seiner Schritte nicht sicher ist. Bei Haydn, Mozart und Beethoven hingegen hören wir eine Verschmelzung von Tanz und Sonatenform und in dem traditionellen Dreiertakt-Menuett die Beschwörung einer spezifischen Tanzform. Doch diese Tanztempi sind nicht für die tatsächliche Mitwirkung von Tänzern gedacht. Der Tanz wird zum Objekt der Kontemplation und gewinnt dadurch eine symbolische Funktion.

Der Tanz als kollektive Tätigkeit, sei es an Kaiserhöfen oder auf dem Dorfanger, zelebriert die Einheit von Mann und Frau und die größere Einheit, die man als das menschliche Kollektiv kennt. Die Symphonie von Haydn oder Mozart bittet uns, den Tanz in archetypischen Tempi aufzunehmen – mäßig schnell, langsam, rasend schnell, zwei oder drei oder vier pro Takt – und über ihre gemeinschaftliche Bedeutung zu meditieren. Die Sonate oder das Streichquartett oder das Concerto oder die Symphonie werden zum Symbol für die menschliche Ordnung. Bei Mozart scheint offensichtlich die mehr oder minder statische Beschaulichkeit des österreichischen Kaiserreichs zelebriert zu werden. Somit ist die Musik objektiv, ihr fehlt jeglicher persönlicher Gehalt wie bei Mahler oder Strauss, und durch diese Ironie, die ein Korrektiv der Selbstgefälligkeit der gesellschaftlichen Ordnung darstellt, wirkt sie durch den Wechsel von Spannung und Auflösung. Das Herz ist das Organ, das sie nachahmt, doch es ist das Herz der Gemeinschaft. Mag sein, daß sich darin ein Quentchen persönlicher Flexion der objektiven Struktur findet – komisch bei Haydn, pathetisch bei Mozart –, doch jedem größeren Eindringen idiosynkratischer Symbole muß man sich entgegenstellen. Bei Mahler können aufgrund zufälliger Assoziationen banale Leierkastentöne mahlen, doch die Mozartsche Symphonie bleibt über derlei selbstbezogene Störungen erhaben.

In meiner Jugend hatte es den Anschein, als sei das österreichisch-ungarische Kaiserreich hoffnungslos in die Ferne gerückt. Es war im Ersten Weltkrieg zusammengebrochen; vor diesem Zusammenbruch notierten Freud und Schönberg den Aufruhr individueller Psychen, Mikrokosmen einer größeren Verwirrung. Man vergaß leicht, daß dieses Reich hinsichtlich seiner Kunst noch immer bei uns war. Ein gescheiterter Wiener Architekt sollte Europa tyrannisieren; im Adriahafen des Reiches begann James Joyce die Weltliteratur zu revolutionieren; Rainer Maria Rilke bestätigte die poetische Modernität in den *Duineser Elegien*. Und natürlich waren in der Musik Atonalität und serielle Musik Vorboten einer bedeutenden Revolution. Alles geschah in Wien. Mozart schien für eine Art kaiserlichen Stillstands zu stehen, dem genauen Zuhörer hätte jedoch klar sein müssen, daß eine chromatische Ruhelosigkeit am Werke war und daß – innerhalb akzeptierter Strukturen – die Lage einer individuellen Seele und nicht ein abstrakter Punkt in der Bürgerschaft entworfen wurde. Mozart war ebenso Wiener wie Freud.

Ich muß mich davor hüten, eine Kunst überzupersonalisieren, die ihre Individualität offenbart, indem sie reinen Klang vollzieht. Ein Aspekt von Mozarts Größe ist seine Überlegenheit darin, das Klangmaterial, welches das gemeinsame Inventar der Komponisten seiner Zeit bildete, zu ordnen. Zuweilen schläft er, nickt, nudelt herunter, was die Gesellschaft fordert oder womit er eine offene Hutmacherrechnung bezahlen kann, doch stets ist er dabei effizient. Zuweilen wird Tolpatschigkeit mit Größe assoziiert. Herausragende innovative Komponisten wie Berlioz und Wagner ringen, nicht immer erfolgreich, mit neuen Techniken. Mozart ist niemals tolpatschig; sein unwandelbares Können mag romantische Naturen abstoßen. „Professionalismus" kann ein schmutziges Wort sein. Er berührte nichts, was er nicht auch schmückte. Hätte er doch nur, wie Shakespeare, gelegentlich einmal einen kleinen Fehltritt begangen – murmeln einige. Stets verblüfft er mit seiner weltmännischen oder reizbaren Eleganz.

Gerade sein höchstes Niveau ruft Herabsetzung hervor. Die Perfektion seines Werks hat perverserweise eine Verunglimpfung seiner Persönlichkeit nach sich gezogen. Es gibt einen fiktiven Mozart, den man praktischerweise Amadeus nennt – ein Name, den er selbst nie benutzt hat. Das ist der Mann, den ein ebenfalls fiktiver Salieri aus einer Vielzahl von Motiven töten wollte – klarsichtige Anerkennung seines Niveaus, das Neid schürte, das Entsetzen vor der Diskrepanz zwischen seinem Genie und einem skatomanischen Infantilismus, eine christliche Überzeugung von der diabolischen Herkunft seiner Fähigkeiten. Daraus wird ein fesselndes Drama, aber eine schlechte Biographie. In Privatbriefen enthüllt die ganze Familie Mozart eine Freude am Akatologischen, harmlos, konventionell, nicht untypisch für ein Zeitalter der Vernunft, das lustvolle Schocks aus dem Kontrast zwischen dem Misthaufen des Körpers und der hochfliegenden Reinheit des Geistes gewann. Alle Indizien zeigen einen Mozart, der die meisten Regeln der Wiener Schicklichkeit beachtete, den Gott der Kirche wie den Großen Architekten der Freimaurer anerkannte. Ein Versuch, Mozarts Ende zu mythologisieren – der rätselhafte Fremde mit dem Auftrag, ein Requiem zu komponieren, das Grab des Armen, die Entirdung des Sarges in einem plötzlichen Sturm, bricht unter der genauen Beobachtung der aufgezeichneten Fakten zusammen. Meteorologische Aufzeichnungen, das kaiserliche Dekret, mit der Schaffung von Gemeinschaftsgräbern die Begräbniskosten zu senken, die nicht ungewöhnlichen Plagiate von Amateurmusikern mit mehr Geld als Talent schmelzen die Mythologie zur Banalität. Die Häresie ungehöriger Schnüffeleien im Leben eines Künstlers begleitet uns schon lange. Wenige können ihre Kunst als solche nehmen.

Ich begann meine künstlerische Laufbahn als autodidaktischer Komponist und verlegte mich wegen ungenügenden Talents und der Erkenntnis, daß Musik das, was ich sagen wollte, nicht sagen konnte, fast schon im mittleren Alter auf die Ausübung eines artikulierteren Handwerks. Doch der musikalische Hintergrund kommmt nicht zur Ruhe, und die Maßstäbe, die ich mir setze, verdanken mehr den großen Komponisten als den großen Autoren. Ich bin immer der Meinung gewesen, daß die Hingabe eines Künstlers an seine Kunst sich vornehmlich in großer Produktivität äußert. Mozart, der in einem kurzen Leben sehr viel Musik produzierte, wußte, daß Meisterschaft nur durch stetige Anwendung zu erreichen war. Seine literarischen Gegenstücke – Balzac in Frankreich, Wells und Bennett in England – wurden wegen ihrer, so der Begriff, „Überproduktion" oft geschmäht. Tugend in der Spärlichkeit zu entdecken, war ein Zeichen für Bloomsbury-Vornehmheit. Damen und Herren sollten über den Erfordernissen des Händlerlebens stehen. Doch die Kunst ist ein Gewerbe, das sich selbst wie auch den Verbraucher adelt, indem sie ihm mehr gibt, als er dafür bezahlt hat. Der Markt ist bedient, aber auch Gott. Mozart schrieb gegen Geld, was E.M. Forster nicht nötig hatte: Seine spärliche Produktion ist dem Rentier gemäß, so wie Mozarts Fruchtbarkeit sowohl dem ernsten Handwerker als auch dem Ernährer entspricht. Letztlich muß man den Künstler nicht nur nach seiner Qualität, sondern auch nach Masse und Vielfalt beurteilen. Dabei ist der Musiker allerdings in einer glücklicheren Lage als der Autor: Ein passables Menuett läßt sich immer produzieren, viel schwieriger ist es jedoch, eine Erzählung oder ein Gedicht zu schaffen.

Mozart zu feiern, kann nicht in Worten gelingen, außer denen einer stringenten technischen Analyse mit reichlich musikspezifischen Illustrationen. Feiern können wir nur, indem wir massiv hören und dann ein fast präverbales Geräusch der Zustimmung, Verblüffung oder Begeisterung von uns geben. Doch für den Künstler in gleich welchem Medium stellt Mozart ein nachahmenswertes Beispiel dar, das nämlich der Hingabe zum Handwerk. Ohne Handwerk gibt es keine Kunst.

Denjenigen von uns, die wie ich – noch immer unzulänglich – das Musikhandwerk betreiben, fällt es nicht leicht, Neid zu unterdrücken. Es ist weniger der Neid auf das individuelle Genie, als vielmehr eine Verbitterung darüber, daß die kulturellen Bedingungen, die Mozart möglich machten, lange schon vergangen sind. Die Scheidung zwischen der Musik der Straße und der des Salons und der Oper war damals nicht so kraß wie heute. Bach konnte seine Goldberg-Variationen mit einem Quodlibet beenden, das auf den populären Weisen seiner Zeit basierte. Umgekehrt konnte man Melodien aus Mozartopern pfeifen, und nicht nur Aristokraten, die sich zum Diner ankleideten. Noch bis in die jüngste Zeit hielt sich der Schatten des Gefühls einer Musikgemeinde. Eine Mozartsonate konnte, wenn auch herablassend, als „in einem Salon des achtzehnten Jahrhunderts" popularisiert werden; Frank Sinatra konnte in seinem frühesten Film *La ci darem la mano* singen. Eine einfache melodische Weise hatte etwas Konstantes. Strawinsky versuchte, Geld zu verdienen, indem er ein Thema aus dem *Feuervogel* zu einer Pop-Ballade machte. Doch was popularisiert wurde, kam aus der klassischen oder romantischen Vergangenheit: keine Musik von Schönberg, Webern oder Bartók konnte auf Einlaß ins allgemeine Ohr hoffen. Die Kluft zwischen dem Ernsten und dem lediglich Unterhaltsamen ist heute zementiert.

Ein ernsthafter Komponist, der den Auftrag für ein, sagen wir, Oboenkonzert bekommen hat, wird es sich zweimal überlegen, ob er Tonalität mit gelegentlichen Konsonanzen verwendet; er hat Angst vor dem Hohn der Kritiker, wenn er nicht versucht, Pierre Boulez zu übertreffen. Es stehen verschiedene Arten des musikalischen Ausdrucks zu Gebote, vielleicht zu viele, doch keine kann mehr als eine dünne Verbindung mit der Vergangenheit haben. Atonalität, Polytonalität, Polymodalismus, Postmodalität, Afrikanismus, Indianismus, Minimalismus, Cageismus – die Liste ist endlos. Kein Komponist kann auf das Erbe zurückgreifen, das Monteverdi und Mozart verband. Alban Berg konnte in seinem Violinkonzert Bachs Choral *Es ist genug* nur deshalb zitieren, weil dessen tritonaler Eröffnungsakt zufällig in seine Tonreihe paßte. Vielleicht bewahrt nur noch der neurotische Mahler, der letzte der großen tonalen Wiener, die Brücke zwischen einer toten und einer lebendigen Gesellschaft. Man kann auf Mozart Parodien oder Pasticci schreiben wie Strawinsky in seinem manierierten *The Rake's Progress*, doch wir können ihn uns nicht im Straßenanzug vorstellen, wie wir uns Beethoven vorstellen können, wie er in fleckigem Pullover und weiter Flanellhose zurückkommt.

Wir müssen uns davor hüten, uns Mozart zu nähern und dabei die Brille der historischen Perspektive zu polieren. Nostalgie ist ziemlich, aber auch träge. Die Vision, die er liefert, muß nicht die einer lange schon toten Stabilität sein, nach der wir uns verzweifelt sehnen. In einer Welt, die uns täglich mit Krieg beleidigt, mit Hunger, Umweltverschmutzung, der Zerstörung der Regenwälder und dem Zusammenbruch der öffentlichen und privaten Moral, mögen wir ein Streichquartett von Mozart in Erwartung eines flüchtigen Friedens in den Rekorder stecken. Doch Beschwichtigung ist Mozarts Funktion nicht: er ist keine Beruhigungspille, die man aus dem Schrank holt. Er liefert weniger das Bild einer unwiderruflichen Vergangenheit als vielmehr das einer möglichen Zukunft. Als praktizierender Literat suche ich nach seinem Analog bei großen Schriftstellern. Er hat vielleicht nicht die komplexe Humanität Shakespeares, doch er hat mehr als die gnomenhafte Sauberkeit eines Aufklärers wie Alexander Pope. Es wäre nicht extravagant, in ihm etwas von der Heiterkeit eines Dante Alighieri zu finden. Wenn das Paradiesische charakteristischer für ihn ist als das Infernalische oder selbst das Purgatorische, dann deshalb, weil die Geschichte selbst die *Göttliche Komödie* verkehrt herum geschrieben hat. Gestorben „*nel mezzo del cammin die nostra vita*" präsentiert er nichtsdestotrotz den gesamten Kreislauf des Lebens und teilt uns mit, daß es edle Visionen nur gibt, weil sie verwirklicht werden können.

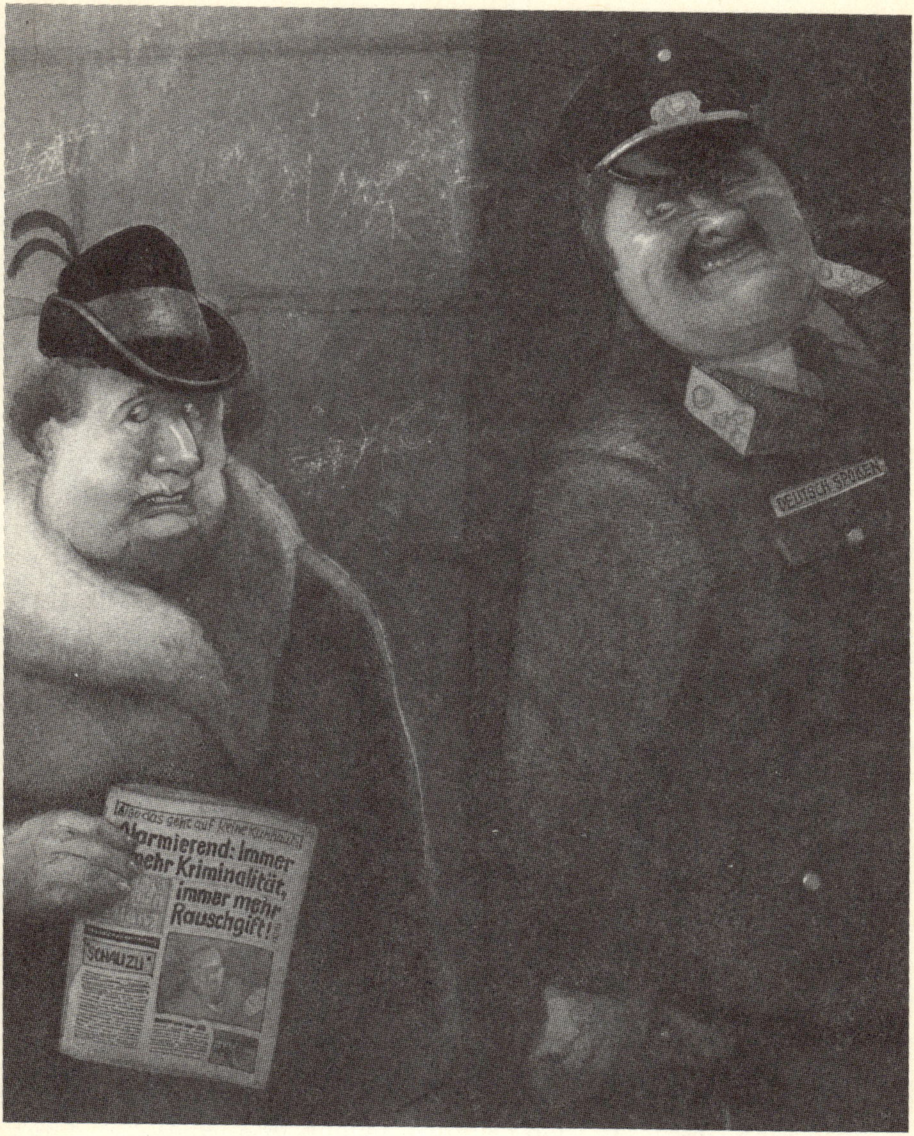
Alarmierend: Immer
Kriminalität,
immer mehr
Rauschgift!

Zu den Autoren:

Peter A. Bruck arbeitet als Professor für Kommunikationswissenschaft an der Carleton University in Ottawa, Kanada, und zur Zeit als Gastprofessor am Institut für Publizistik- und Kommunikationswissenschaft der Universität Salzburg. Mehrere Buchpublikationen zur Nachrichtenforschung und Medienkultur.

Anthony Burgess, weltbekannter Literat und Kulturkritiker, hat einige schon zu Klassikern der Gegenwartsliteratur gewordene Bücher geschrieben. Darunter ‚Uhrwerk Orange‘, ‚Napoleonsymphonie‘ und ‚Enderby‘. Jüngst ins Deutsche übersetzt: ‚Der Mann am Klavier‘.

Werner Frach lebt in Salzburg als freiberuflicher Germanist und Dichter. Studierte auch Politikwissenschaft, Philosophie, Psychologie, Pädagogik und Computerwissenschaften.

Gert Kerschbaumer lebt als Kulturpublizist in Salzburg und schreibt zu Literatur, Musik und bildender Kunst. Autor gemeinsam mit Karl Müller von „Faszination Drittes Reich. Kunst und Alltag der Kulturmetropole Salzburg", erschienen im Otto Müller Verlag, 1988.

Peter Kreiner ist als Autor und Literaturvermittler tätig. Gründungsmitglied der Literaturgruppe „prolit" und Mitherausgeber der gleichnamigen Zeitschrift.

Kurt Luger doziert am Institut für Publizistik und Kommunikationswissenschaft der Universität Salzburg zu Medien- und Populärkultur sowie Medienpolitik. Autor und Mitautor von Standardwerken wie „Medien im Jugendalltag", „Medienkultur in Österreich" und jüngst „Die konsumierte Rebellion: Geschichte der Jugendkultur 1945–1990".

Karl Müller ist Literaturwissenschafter und Dozent am Institut für Germanistik der Universität Salzburg. Autor und Mitautor mehrerer wissenschaftlichen Arbeiten zu Kulturentwicklung und Politik der Literatur, zuletzt „Zäsuren ohne Folgen. Das lange Leben der literarischen Antimoderne seit den 30er Jahren" Otto Müller Verlag, 1990.

Walter Müller, Salzburger Literat und Satiriker, präsentierte wöchentlich einen satirischen Rückblick auf die wichtigsten Ereignisse im Landesgeschehen im ORF-Fernsehen, Studio Salzburg.

Günther Stocker arbeitet als Mitglied der Forschungsgruppe ‚Boulevardformat' am Institut für Publizistik und Kommunikationswissenschaft, Universität Salzburg.

Anton Thuswaldner, Bildhauer, Maler und Aktionskünstler, lebt in Kaprun. Von Beruf auch Landvermesser bei den Tauernkraftwerken hat Thuswaldner immer wieder neue Wege in Kunst und Kultur gebrochen.

Hans Peter Wick, Magister der Kommunikationswissenschaft, tätig als Journalist und Forscher in Salzburg. Mitglied der Forschungsgruppe ‚Boulevardformat'.

Die Karikaturisten Gerhard Haderer, Manfred Deix und Helmut Vogl publizieren regelmäßig in Tageszeitungen und Wochenzeitschriften wie „profil" und „Wochenpresse". Die Zeichnungen von Helmut Vogel sind für dieses Buch angefertigte Originale. Gerhard Haderer's Zeichnungen sind mit Erlaubnis dem Band „Vorsicht Aloisia!" Wien: Orac Verlag, 1989 entnommen, die von Manfred Deix aus „Mein Tagebuch" Wien: Jugend und Volk, 1986.

Salto

DIE WOCHENZEITUNG

Information und Meinung für emanzipierte Leser.

Salto. 1070 Wien, Kaiserstraße 67, Tel. 0222/ 52166